Przytulna kuchnia. Przepisy na klasyczne i kreatywne potrawy na pocieszenie

100 CIEPŁYCH I PRZYTULNYCH PRZEPISÓW DO PRZYGOTOWANIA W DOMU. Klasyczne i kreatywne dania na śniadanie, obiad, kolację i deser — makaron z serem, pieczeń, zapiekanki, zupy, gulasze, ciasta, ciasta, wypieki, przytulne i nostalgiczne

Dominika Sobczak

SPIS TREŚCI

MAKARON I KLASY 110

ZUPY I GULASY 159

RYŻ I FASOLA 181

WSTĘP

Nie ma nic lepszego niż dobre, komfortowe danie, które rozgrzeje twoją duszę i wywoła uśmiech na twojej twarzy. Niezależnie od tego, czy jest to miska kremowego makaronu z serem, obfity gulasz wołowy, czy kawałek ciepłej szarlotki, komfortowe jedzenie ma sposób na sprawienie, by wszystko było dobrze na świecie.

W tej książce kucharskiej zebraliśmy 100 naszych ulubionych przepisów na komfortowe jedzenie, którymi możemy się z Tobą podzielić. Od klasycznych potraw, które były przekazywane z pokolenia na pokolenie, po kreatywne wariacje na temat starych ulubionych potraw, w tej książce kucharskiej każdy znajdzie coś dla siebie.

Podzieliliśmy przepisy na cztery sekcje: śniadanie, lunch, obiad i deser, dzięki czemu możesz cieszyć się komfortowym jedzeniem o każdej porze dnia. Rozpocznij dobrze poranek od stosu puszystych naleśników lub miski pikantnej zapiekanki śniadaniowej. Na lunch spróbuj klasycznej kanapki z grillowanym serem lub miskę kremowej zupy pomidorowej. W porze obiadowej mamy dla Ciebie przepisy na wszystko, od klopsików, przez zapiekankę z kurczakiem, po serowe pieczone ziti. I nie zapomnij o deserze! Rozkoszuj się kawałkiem ciasta czekoladowego lub ciepłym szewcem jagodowym.

Każdy przepis w tej książce kucharskiej zawiera instrukcje krok po kroku i piękne zdjęcia, dzięki czemu możesz dokładnie zobaczyć, jak powinno wyglądać twoje danie. Zawarliśmy również porady i wskazówki, jak uzyskać idealny smak i konsystencję, dzięki czemu możesz z łatwością odtworzyć te klasyczne potrawy.

Wybierz się więc z nami w podróż po świecie komfortowego jedzenia i odkryj radość i komfort, jakie te potrawy mogą wnieść do Twojego życia.

ŚNIADANIE

1. Blenderowe naleśniki jogurtowe

Przepis na 10 do 12 naleśników

¾ szklanki (75 g) płatków owsianych
⅔ szklanki (125g) mąki gryczanej
2 duże jajka
1½ szklanki jogurtu naturalnego
½ łyżeczki startej skórki z cytryny
1 łyżka świeżego soku z cytryny
½ łyżeczki proszku do pieczenia
½ łyżeczki sody oczyszczonej
¼ łyżeczki drobnej soli morskiej
½ łyżeczki ekstraktu waniliowego
1 łyżeczka miodu
Do podania: masło, syrop klonowy i sól morska w płatkach

W blenderze połącz płatki owsiane, mąkę gryczaną, jajka, jogurt, skórkę z cytryny, sok z cytryny, proszek do pieczenia, sodę oczyszczoną, sól, wanilię i miód. Mieszaj, aż mieszanina zostanie w pełni połączona — w razie potrzeby zeskrobując boki blendera, aby usunąć wszelkie grudki suchej pszenicy.

Rozgrzej patelnię lub patelnię na średnim ogniu. Wlej ciasto do pożądanej wielkości (lubię używać około ⅓ miarki na naleśnik). Ciasto powinno lekko bulgotać. Gdy naleśnik z jednej strony się zarumieni, przewróć go szpatułką i delikatnie dociśnij, aby cały naleśnik stykał się z powierzchnią grzewczą.

Gdy każdy naleśnik jest zrumieniony z drugiej strony i ugotowany, przenieś go na talerz i udekoruj nieskazitelnym trio masła, syropu klonowego i soli.

2. Owsianka z Podłogi Leśnej

Służy 1

½ szklanki płatków owsianych
¼ szklanki posiekanych migdałów
¼ szklanki niesłodzonych płatków kokosowych
½ łyżeczki nasion chia
1 łyżka niesolonego masła
Sól
Łyżka jogurtu naturalnego

W małym garnuszku ugotować płatki owsiane zgodnie z instrukcją na opakowaniu.

W międzyczasie rozgrzej patelnię na średnim ogniu, aż będzie ciepła w dotyku. Dodać pokrojone migdały i prażyć je na suchej patelni, od czasu do czasu mieszając, przez 90 sekund. Dodaj kokos i nasiona chia i kontynuuj opiekanie, często mieszając, aż wszystkie będą prażone i złocistobrązowe, 3 do 4 minut dłużej.

Po upieczeniu zdejmij z ognia, dodaj masło i szczyptę soli i mieszaj, aż masło się roztopi i pokryje resztę składników. Odłóż patelnię na bok.

Wlej płatki owsiane do miski. Rozłóż chrupiącą posypkę migdałowo-kokosową/chia na całej powierzchni płatków owsianych. Dodaj porcję zimnego jogurtu do miski i natychmiast zjedz, dodając więcej jogurtu lub soli, jeśli uznasz to za stosowne.

3. Śniadanie na targu rolników

Serwuje 2

3 łyżki niesolonego masła
2 gałązki świeżego rozmarynu
1 łyżka tamari, plus więcej do smaku
8 uncji z grubsza rozdartych mieszanych grzybów lub dowolnego grzyba, który lubisz (upewniając się, że usuniesz wszelkie twarde łodygi, takie jak te na shiitakes)
1 łyżka oliwy z oliwek, plus więcej do wykończenia
3 łyżki drobno posiekanej szalotki (choć można zastąpić cebulę)
1 pęczek (około 6 uncji) szpinaku, umyty i stosunkowo suchy
¼ łyżeczki mielonej czerwonej papryki
Sól
½ cytryny
4 duże jajka
1 uncja koziego sera (lub dowolnego sera, który lubisz)
Świeżo mielony czarny pieprz

Na patelni lub patelni sauté rozpuść 2 łyżki masła na średnim ogniu. Gdy się rozpuści, dodaj gałązki rozmarynu i pozwól im się opiekać przez około 30 sekund. Dodać tamari i wymieszać do połączenia. Wrzuć grzyby i smaż, mieszając od czasu do czasu, aż będą całkowicie ugotowane i miękkie, około 8 minut, w zależności od rodzaju grzybów, których używasz. Odrzuć łodygi rozmarynu (zostaw liście).
Podziel grzyby na dwie miski do serwowania. Pozostaw nadmiar płynu na patelni.
Ponownie postaw patelnię na średnim ogniu i dodaj oliwę z oliwek i szalotki. Smaż, aż zwiędnie, około 1 minuty. Zwiększ ogień do dużego, odczekaj 30 sekund, a następnie dodaj szpinak i zmiażdżoną czerwoną paprykę. Dopraw lekko solą i ciągle mieszaj, aż szpinak zwiędnie, ale nie będzie papkowaty, około minuty.
Łyżką lub wysyp szpinak obok grzybów, podzielonych między dwie miski. Warzywa skropić odrobiną cytryny.

W międzyczasie ponownie umieść patelnię na kuchence, zmniejsz ogień do niskiego poziomu i dodaj pozostałą 1 łyżkę masła. Wbij jajka do średniej miski i pokrusz w kozim serze. Lekko ubij jajka, a następnie dodaj je na patelnię, gotując jajecznicę tak, jak lubisz najbardziej — lubię przechylać patelnię i przesuwać po niej silikonową szpatułką, powtarzając ruch, aż uzyskasz długie, puszyste pasma jaj .

Dopraw jajka do smaku solą i pieprzem i połóż je obok warzyw (lub pozwól innym gościom przyprawiać własne jajka). Zjedz natychmiast.

4. Frittata z kozim serem i warzywami

Służy od 2 do 4

2 łyżki oliwy z oliwek

2 ząbki czosnku, posiekane

¼ łyżeczki mielonej czerwonej papryki lub do smaku

Około 2 filiżanek grubo pokrojonych w kostkę brokułów lub łodyg kalafiora

Sól i świeżo mielony czarny pieprz

4 duże jajka

2 uncje koziego sera

Skórka otarta z ½ cytryny

Wyposażenie 11-calowa patelnia odporna na pieczenie brojlerów (lub coś zbliżonego rozmiaru – im szersza patelnia, tym cieńsza frittata) i silikonowa łopatka

Rozgrzej brojler do wysokiej temperatury.

Na patelni odpornej na brojlery rozgrzej olej na średnim ogniu, aż zacznie błyszczeć. Dodaj czosnek i smaż, aż zmięknie, od 1 do 2 minut. Dodaj zmiażdżone płatki czerwonej papryki i pozwól im się opiekać przez 30 sekund. Dodaj pokrojone w kostkę łodygi i dopraw do smaku solą i czarnym pieprzem. Kontynuuj smażenie, mieszając od czasu do czasu, aż będą miękkie, około 8 minut.

W międzyczasie w misce ubij jajka i posyp solą, aż się połączą.

Gdy warzywa będą miękkie, zdejmij patelnię z ognia. Dodaj jajka i szybko wymieszaj całość. Przechyl patelnię do przodu, do tyłu, w lewo i w prawo, aby jajka wypełniły luki i zrobiły coś w rodzaju rundy. Końcówką silikonowej szpatułki przesuwaj pomiędzy najdalszymi krawędziami jajka i patelni, uwalniając cienkie kawałki, które przywarły do ścianek, i pozwól im opaść na resztę frittaty.

Wierzch frittaty posmaruj kozim serem, a następnie posyp skórką z cytryny i świeżo zmielonym pieprzem.

Umieść patelnię pod brojlerem na 1 do 2 minut (w zależności od brojlera), po prostu gotuj, aż jajka się zetną, a brzegi frittaty zbrązowieją zgodnie z twoimi upodobaniami.

Za pomocą uchwytu do garnków lub ręcznika kuchennego ostrożnie wyjmij patelnię z piekarnika. Potrząśnij nim – powinien się wygodnie przesuwać. Zsuń frittatę bezpośrednio na deskę do krojenia. Pokrój na ćwiartki i podawaj od razu.

5. Chrupiący Omlet

Służy 1

1 łyżka niesolonego masła, oliwy z oliwek lub oleju chilijskiego
2 duże jajka, dobrze ubite
¼ szklanki dobrze odsączonej kiszonej kapusty
Sól i świeżo mielony czarny pieprz
Wyposażenie 11-calowa patelnia z nieprzywierającą powłoką (im szersza patelnia, tym cieńszy omlet) i silikonowa łopatka

Na nieprzywierającej patelni rozgrzej masło (lub olej) na średnim ogniu. Gdy masło się roztopi (lub olej rozleje się po dnie patelni), dodaj ubite jajka i przechyl patelnię tak, aby jajko sięgało do krawędzi.
Rozłóż kiszoną kapustę w przyjemny sposób na jajkach. Dopraw omlet solą i pieprzem (pamiętając, że kapusta kiszona jest już posolona) i ponownie przechyl patelnię okrężnymi ruchami, aby kałuże jajek równomiernie się rozłożyły. Użyj silikonowej szpatułki, aby delikatnie podnieść jajko z krawędzi patelni. Kontynuuj gotowanie, od czasu do czasu potrząsając patelnią, aż jajka będą ugotowane zgodnie z twoimi upodobaniami.
Zsuń omlet na talerz i od razu zjedz.

6. Owocowy, orzechowy, imbirowy koktajl deserowy

Służy 1

½ szklanki jogurtu naturalnego lub soku pomarańczowego (lub ich kombinacji) plus więcej w razie potrzeby
1 szklanka mrożonych owoców, takich jak truskawki, brzoskwinie, jagody i/lub ananas
½-calowa gałka świeżego imbiru
2 łyżeczki nasion chia
2 łyżki solonego masła migdałowego (lub niesolonego, plus szczypta soli)
Mikser wyposażenia

W blenderze połącz wszystkie składniki i miksuj do uzyskania gładkiej konsystencji, od czasu do czasu mieszając lub potrząsając blenderem, aby zmieszać go z jak najmniejszą ilością płynu — dodając tylko kroplę lub więcej, jeśli jest to absolutnie konieczne.
Przelej smoothie do kubka i jedz łyżką lub słomką wielokrotnego użytku.

7. Zdrowy owies i zielenie

Daje około 16 uncji

2 szklanki wody (lub 1½ szklanki wody i ½ szklanki niesłodzonego kefiru lub jogurtu naturalnego)
½ szklanki płatków owsianych
1 łyżka mielonego siemienia lnianego lub 1½ łyżki całych nasion lnu
1 łyżka nasion chia
1 szklanka mrożonych jagód, takich jak jagody, truskawki, żurawina lub mieszanka
2 szklanki luźno zapakowanych zdrowych warzyw lub 1½ szklanki mrożonych warzyw
½ łyżeczki mielonego imbiru w proszku lub 1-calowa gałka świeżego imbiru
½ łyżeczki mielonej kurkumy
Twist czarnego pieprzu
Mikser wyposażenia

W blenderze połącz wszystkie składniki i zmiksuj na gładką masę, dodając więcej wody, jeśli mieszanka jest gęstsza niż byś chciał.
Przenieś blender do lodówki i pozostaw go na 15 minut, pozwalając płatkom owsianym rozkwitnąć w płynie – co również zagęści płyn, więc jeśli po ostygnięciu jest zbyt gęsty, możesz dodać kolejną porcję wody, zmiksować ponownie, a potem wypij.

8. Złote Mleko

Służy 1

1 szklanka pełnego mleka
½ szklanki wody
½ łyżeczki Golden Milk Spice Mix (przepis poniżej)
Wyposażenie Garnek z grubym dnem i sito o drobnych oczkach

W garnku z grubym dnem połącz mleko, wodę i mieszankę przypraw do złotego mleka i zagotuj na średnim ogniu. Zmniejszyć ogień do stałego, delikatnego wrzenia i wymieszać mieszaninę. Gotuj przez 3 minuty, a następnie przecedź przez gęste sito do kubka i delektuj się.

9. Mieszanka przypraw do złotego mleka

Wychodzi około 3½ łyżki stołowej

4 łyżeczki mielonej kurkumy
3 łyżeczki mielonego kardamonu
2 łyżeczki mielonego imbiru
1 łyżeczka mielonego cynamonu
¼ łyżeczki mielonych goździków
¼ łyżeczki mielonej gałki muszkatołowej
Wszystko razem wymieszaj i przechowuj w zakręcanym słoiczku.

10.   <u>Masala Chai</u>

Robi 2 porcje

2 szklanki pełnego mleka (lub mleka sojowego, migdałowego lub owsianego)
1 szklanka wody
1 łyżka stołowa plus 1 łyżeczka zielonych strąków kardamonu
¼ łyżeczki czarnego pieprzu
Około 1,5-calowy kawałek cynamonu, rozbity i połamany grzbietem noża
1½ łyżki grubo posiekanego świeżego imbiru
2 łyżki sypkiej czarnej herbaty, na przykład pomarańczowej pekoe
2 łyżki granulowanego białego cukru
Wyposażenie Średni dzbanek, młynek do kawy i sitko o drobnych oczkach lub sitko do herbaty

W średnim garnku połącz mleko i wodę i postaw na średnim ogniu. W międzyczasie umieść kardamon, ziarna pieprzu i kawałki laski cynamonu w młynku i zmiel je na drobny proszek.
Dodaj przyprawy do garnka z mlekiem i wodą wraz ze świeżym imbirem. Zwiększ ogień do dużego, cały czas go obserwując. Gdy się zagotuje, natychmiast zdejmij z ognia i dodaj czarną herbatę. Mieszaj często, obserwując kolor, aż uzyskasz wielbłądzi brązowy odcień.
Przecedź herbatę przez sito o drobnych oczkach (lub sitko do herbaty) do miski. Dodaj cukier do miski z herbatą i wymieszaj, aby połączyć. Spróbuj cukru i dodaj więcej, jeśli chcesz. Przelej do filiżanek i wypij od razu.

11.   Kitchari

Służy 2 lub 3

½ szklanki dal (soczewica - najlepiej rozdrobniona żółta soczewica lub czerwona soczewica, znana odpowiednio jako toor dal lub masoor dal)
½ szklanki ryżu basmati
2 łyżki pokrojonego w kostkę świeżego imbiru
2 łyżki Ghee lub neutralnego oleju, takiego jak olej rzepakowy, warzywny lub z pestek winogron
2 łyżeczki nasion kminku
2 łyżeczki gorczycy czarnej (lub innej gorczycy, którą masz pod ręką)
Szczypta asafetydy (opcjonalnie)
1 łyżeczka mielonej kurkumy
1 łyżeczka mielonego kminku
Szczypta mielonego cynamonu (opcjonalnie)
¼ łyżeczki soli koszernej
Opcjonalne ozdoby do Twojej miski
Pokrojona świeża kolendra
Jogurt
Duszone owoce, takie jak daktyle lub rodzynki
Płynne aminokwasy
Sos sojowy
sos sojowy
Indyjska marynata, taka jak mango lub limonka
Chutney lub dżem
Ostry sos
Delikatne zielenie
Wyposażenie Sito, rondel lub garnek (co najmniej 4-litrowy) z pokrywką i małą patelnią lub rondlem

Umyj soczewicę i ryż – moim ulubionym sposobem jest przesianie ich na sito, a następnie umieszczenie sita w dużej misce z wodą i mieszanie ręcznie, aby uwolnić jak najwięcej skrobi. Następnie podnieś sito i powtórz czynność ze świeżą miską wody. Zwykle będzie wymagać 2 lub 3 podmian wody, dopóki nie będzie w większości klarowna. Dobrze odcedź.

Przenieś soczewicę i ryż do 4-litrowego lub większego rondla i dodaj imbir i 7 szklanek wody. Doprowadzić do wrzenia, od czasu do czasu mieszając. Zredukuj do pełnego wrzenia, przykryj garnek i gotuj, aż uzyskasz miękką i dokładnie ugotowaną owsiankę, która nie jest zbyt gęsta ani zbyt wodnista. Podczas gotowania uważaj, aby skrobiowe bąbelki unosiły się, uciekały i spływały po bokach garnka. Miej też oko na poziom wody – soczewica naprawdę lubi dużo wody do gotowania. Jeśli okaże się, że soczewica i ryż wchłonęły większość wody, ale nie są w pełni ugotowane, należy dodać więcej wrzącej wody i wymieszać. Czas może się znacznie różnić w zależności od soczewicy – ale 45 minut to zwykle całkiem niezły przybliżony przewodnik. Rozgotowanie nie stanowi problemu, o ile w garnku jest wystarczająca ilość wody. Nie martw się, jeśli dodałeś zbyt dużo wody - jeśli kitchari wydaje się w pełni ugotowany, ale trochę luźny, możesz dalej gotować, aż uzyska konsystencję średnio gęstej owsianki. Po ugotowaniu kitchari zdejmij z ognia i trzymaj pod przykryciem.

W międzyczasie na małej patelni lub rondlu podgrzej ghee na dużym ogniu. Dodać kminek i gorczycę. Zaczną powoli strzelać i smażyć – gdy zaczną strzelać z pewną częstotliwością, dodaj asafetydę (jeśli używasz). Gdy będą strzelać przez około 25 sekund, zdejmij z ognia i dodaj kurkumę, mielony kminek i cynamon (jeśli używasz), mieszając patelnię, aby połączyć przyprawy.

Odkryj kitchari i wlej ghee i przyprawy prosto do garnka – będą pryskać i smażyć, gdy go uderzą. Dodać sól i wszystko razem wymieszać. Podawaj od razu, udekorowane ulubionymi dekoracjami.

12.   Budyń z Brązowego Ryżu

Służy od 6 do 8

Niesolone masło do naczynia do zapiekania
1 szklanka pełnego mleka
¼ szklanki miodu
½ łyżeczki mielonego cynamonu
5 tartek gałki muszkatołowej
1 łyżeczka niesłodzonego ekstraktu waniliowego
¼ łyżeczki soli koszernej
2 duże jajka
2 szklanki ugotowanego brązowego ryżu
½ łyżeczki startej skórki z cytryny
½ szklanki rodzynek
1 szklanka pokrojonych w kostkę świeżych brzoskwiń (lub innych sezonowych owoców) lub nawet mrożonych brzoskwiń
1 szklanka jogurtu pełnotłustego
Wyposażenie 8-calowe kwadratowe naczynie do pieczenia i blender zanurzeniowy (lub trzepaczka)
Rozgrzej piekarnik do 400 ° F. Nasmaruj masłem naczynie do pieczenia o wymiarach 8 × 8 cali.
W dużej misce połącz mleko, miód, cynamon, gałkę muszkatołową, wanilię, sól i jajka. Za pomocą blendera zanurzeniowego (lub trzepaczki) dokładnie wymieszaj, aż wszystkie składniki zostaną w pełni zunifikowane.

Dodaj ryż, skórkę z cytryny, rodzynki i brzoskwinie i dokładnie wymieszaj.

Wlej mieszankę ryżową do naczynia do pieczenia, używając szpatułki, aby usunąć resztki płynu z miski.

Pieczemy budyń przez 15 minut. Wymieszaj budyń szpatułką, ponownie włóż do piekarnika i piecz, aż budyń zacznie bulgotać na brzegach, około 10 minut dłużej. Jeśli nie bulgocze, zwiększ temperaturę do 425 ° F i piecz przez dodatkowe 5 minut.

Wyjmij budyń z piekarnika. Dodać jogurt i wymieszać tylko do połączenia. Odstawiamy budyń na 5 minut. Można się nim delektować na ciepło i świeżo lub na zimno po wyjęciu z lodówki (po prostu pozwól mu ostygnąć do temperatury pokojowej przed włożeniem do lodówki).

ZDROWE PRZEKĄSKI

13.   Migdały rozmarynowo-tamari

Robi 1½ filiżanki

2 gałązki świeżego rozmarynu, listki obrane z łodygi
1½ szklanki (8 uncji/225 g) surowych migdałów
½ łyżeczki tamari
1 łyżka oliwy z oliwek
½ łyżeczki mielonej czerwonej papryki lub ichimi (japońska czerwona papryka) (opcjonalnie)
¾ łyżeczki soli koszernej lub więcej do smaku
Wyposażenie Blacha i pergamin lub silikonowa mata do pieczenia

Rozgrzej piekarnik do 300°F (149°C). Blachę wyłożyć papierem do pieczenia lub silikonową matą do pieczenia.
Rozetrzyj liście rozmarynu opuszkami palców, aby otworzyć olejki i ich zapach, a następnie dodaj je do średniej miski. Dodaj migdały, tamari, oliwę z oliwek, zmiażdżoną czerwoną paprykę (jeśli używasz) i sól i wrzuć je razem, aż dokładnie się połączą.
Wlej mieszankę orzechów na blachę do pieczenia i piecz, aż orzechy będą aromatyczne i nabiorą jasnego koloru, około 20 minut, mieszając w połowie.
Wyjmij migdały i pozwól im ostygnąć przez minutę. Spróbuj doprawić, jeśli chcesz, dodaj sól.
Jedz ciepłe lub pozwól im ostygnąć do temperatury pokojowej, a następnie przechowuj pod przykryciem w temperaturze pokojowej przez maksymalnie 1 tydzień.

Zgodnie z ruchem wskazówek zegara od góry: mieszanka kokosowo-wakame, chipsy z jarmużu z oliwą z oliwek i migdały rozmarynowo-tamari

14.   Mieszanka kokosowo-wakame Trail

Wychodzi około 3 filiżanek

1 uncja suszonego wakame (lub ½ uncji prażonych arkuszy nori)
1½ szklanki (8 uncji) surowych migdałów
½ szklanki (3 uncje) pestek dyni
½ szklanki (1 uncja) niesłodzonych płatków kokosowych
4 łyżeczki oliwy z oliwek
1 łyżka białego sezamu
2 łyżeczki tamari
¼ łyżeczki pieprzu cayenne
Wyposażenie Blacha i pergamin lub silikonowa mata do pieczenia

Rozgrzej piekarnik do 300 ° F. Blachę wyłożyć papierem do pieczenia lub silikonową matą do pieczenia.

W średniej misce połącz wodorosty, migdały, pestki dyni, płatki kokosowe, oliwę z oliwek, nasiona sezamu, tamari i cayenne i mieszaj, aż do całkowitego połączenia. Przełóż je do wyłożonej blaszką.

Piecz mieszankę śladową, aż kokos zmieni kolor na złotobrązowy, a migdały lekko ściemnieją, około 20 minut, mieszając w połowie.

Pozwól mieszaninie ostygnąć na patelni przez minutę. Spróbuj doprawić i w razie potrzeby dodaj sól. Jedz, gdy jest ciepły lub pozwól mu ostygnąć do temperatury pokojowej, a następnie przechowuj pod przykryciem w temperaturze pokojowej przez maksymalnie 1 tydzień.

15. Chipsy z jarmużu na oliwie z oliwek

Wychodzi 1 taca chipsów

Około 12 liści jarmużu
1 łyżka oliwy z oliwek
Sól

Rozgrzej piekarnik do 275°F. Jeśli masz stojak do chłodzenia drutu, umieść go w blasze. W przeciwnym razie wyłóż blachę pergaminem. Oderwij łodygi i nerwy od liści i wyrzuć je. Z grubsza porwać liście jarmużu na kawałki, które są nieco większe, niż chcesz, aby powstały frytki (czasami zostawiam je jako duże, całe liście). Przełóż liście do miski i dodaj oliwę z oliwek, dokładnie mieszając rękami, aby wszystkie liście były nasycone oliwą. Suche liście stają się gorzkie. Dopraw je lekko solą i ponownie wrzuć.

Ułóż je w jednej warstwie na ruszcie lub wyłożonej blachą, starając się, aby liście nie zachodziły na siebie.

Piecz liście, aż będą chrupiące, od czasu do czasu sprawdzając piekarnik i oddzielając nachodzące na siebie liście podczas gotowania. Zwykle są w pełni chrupiące po około 25 minutach.

Wyjmij jarmuż z piekarnika i posmakuj jednego chipsa do przyprawiania, w razie potrzeby posypując solą. Zjedz je od razu lub pozwól im całkowicie ostygnąć, a następnie przełóż do szczelnego pojemnika.

16. <u>Popcorn Shichimi</u>

Służy od 2 do 4

5 łyżek Ghee lub 3 łyżki oleju (takiego jak arachidowy, z pestek winogron lub warzywny)
½ szklanki ziaren popcornu
Zaokrąglona ½ łyżeczki soli do popcornu lub do smaku
2 łyżeczki shichimi, plus więcej do smaku
2 do 3 łyżek roztopionego masła (jeśli nie używasz ghee)
Wyposażenie Duży garnek z grubym dnem i pokrywką (np. piekarnik holenderski)

W dużym garnku z grubym dnem podgrzej ghee (lub olej) na średnim ogniu. Gdy się rozpuści (lub zacznie błyszczeć, jeśli jest to olej), dodaj popcorn i sól. Przykryj garnek i często nim potrząsaj. Kontynuuj gotowanie, słuchając trzaskających dźwięków. Gdy kukurydza zacznie pękać, zmniejsz temperaturę do średniej, nadal potrząsając garnkiem, krótko i od czasu do czasu otwierając pokrywkę, aby wypuścić trochę pary. Gdy popcorn zacznie pękać z dużą częstotliwością, kontynuuj potrząsanie garnkiem, aż pojawi się trzysekundowa przerwa bez trzasków. Zdejmij patelnię z ognia i odkryj (jądro lub dwa mogą próbować uciec).
Przenieś połowę popcornu do dużej miski i dopraw połową shichimi (i roztopionym masłem, jeśli nie używałeś ghee). Dodaj resztę popcornu i shichimi (i stopionego masła, jeśli to konieczne) i podrzucaj, aż dobrze się połączą. Zjedz to natychmiast.

17.   <u>Ogórki Imbirowo-Habanero Marchewkowe</u>

Tworzy jeden słoik o pojemności 1 kwarty

12 uncji (lub więcej) marchwi
4 habanero
2 uncje świeżego imbiru, umytego i pokrojonego w cienkie monety
1 łyżka gorczycy czarnej (lub dowolnej gorczycy)
½ łyżeczki czarnego pieprzu
1 szklanka destylowanego białego octu
1 szklanka wody
¼ łyżeczki drobnej soli morskiej
Wyposażenie 1-litrowy słoik z pokrywką i średni rondel

Dokładnie umyj 1-litrowy słoik gorącą wodą (zmywarka doskonale nadaje się do dezynfekcji słoika). Możesz go również ugotować, jeśli chcesz mieć pewność, że słoik jest w pełni odkażony.

Umyj marchewki (nie zawracam sobie głowy ich obieraniem), następnie odetnij łodygę lub koniec łodygi i usuń wystające kawałki owłosionych włókien. Pokrój marchewki w słupki o grubości około ½ cala, a następnie odetnij długie, aby zmieściły się wygodnie w słoiku. Czubkiem noża wytnij mały „X" na końcu kwiatka (inaczej nie na końcu łodygi) habanero i odrzuć łodygi.

Umieść imbir, habaneros, nasiona gorczycy i ziarna pieprzu w słoiku z masonem. Dodaj słupki marchwi, w razie potrzeby mocno je wciskając, aby upewnić się, że wszystkie pasują.

W średnim rondlu zagotuj ocet, wodę i sól. Zdjąć z ognia i gorący płyn wlać bezpośrednio do słoiczka. Jeśli marchewki nie są całkowicie zanurzone, możesz dodać trochę więcej octu, aż zostaną przykryte. Pozwól, aby płyn osiągnął temperaturę pokojową, a następnie zamknij pokrywkę i przenieś do lodówki.

Ogórki nadają się do spożycia od razu, ale są lepsze po 24 godzinach, a najlepiej zaczynają się około 3 dnia.

18. Hummus z białej fasoli i pietruszki

Wychodzi około 1½ filiżanki

1¾ szklanki gotowanej białej fasoli lub 1 (15 uncji) fasoli z puszki
2 ząbki czosnku, obrane
¼ szklanki luźno upakowanych świeżych liści pietruszki i delikatnych łodyg
3 łyżki świeżego soku z cytryny i więcej do smaku
¼ szklanki oliwy z oliwek
½ łyżeczki świeżo zmielonego czarnego pieprzu, plus więcej do smaku
Sól
Wyposażenie Sito i robot kuchenny lub blender

Odcedź fasolę na sicie i spłucz nadmiar skrobi. Odstawiamy na chwilę, aby jak najwięcej wody spłynęło.
W międzyczasie w robocie kuchennym lub blenderze połącz czosnek i pietruszkę i zmiksuj, aż uzyskasz grubo posiekaną konsystencję.
Dodaj odsączoną fasolę, sok z cytryny, oliwę z oliwek, czarny pieprz i odrobinę soli i mieszaj, aż uzyska gładką konsystencję. Jeśli jest trochę suche lub ziarniste, możesz dodać trochę więcej oleju. Dopraw do smaku większą ilością soli, czarnego pieprzu i soku z cytryny, według uznania.
Będzie przechowywany w lodówce, pod przykryciem, przez około 1 tydzień.

19. Hummus Jalapeño-Pesto

Wychodzi około 1½ filiżanki

1¾ szklanki gotowanej białej fasoli lub 1 (15 uncji) fasoli z puszki
1 papryczka jalapeño, serrano lub fresno chile, z łodygą
¼ szklanki pesto z zielonych warzyw lub pesto z miso-szpinaku
2 łyżki świeżego soku z cytryny i więcej do smaku
2 łyżki oliwy z oliwek
Sól
Sprzęt Sito i robot kuchenny (lub blender)

Odcedź fasolę na sicie i spłucz nadmiar skrobi. Odstawiamy na chwilę, aby jak najwięcej wody spłynęło.

Tymczasem w robocie kuchennym lub blenderze przetwarzaj chili, aż uzyska grubo posiekaną teksturę.

Dodaj odsączoną fasolę, pesto, sok z cytryny, oliwę z oliwek i odrobinę soli i mieszaj do uzyskania gładkiej konsystencji. Jeśli jest trochę suche lub ziarniste, możesz dodać trochę więcej oleju. Dopraw do smaku większą ilością soli i soku z cytryny, według uznania.

Będzie przechowywany w lodówce, pod przykryciem, przez około 1 tydzień.

WARZYWA

20.   Zwęglone Warzywa Z Spiced Labneh

Serwuje 4

Przyprawione Labneh
8 uncji labneh lub jogurtu greckiego
1 ząbek czosnku, starty lub drobno posiekany
½ łyżki ciemnego chili w proszku
⅛ łyżeczki suszonego oregano
Świeżo mielony czarny pieprz
Sól
Zwęglone Warzywa
1 funt warzyw do wyboru, takich jak młode brokuły lub groszek cukrowy
Olej neutralny
Sól
Skończyć
Oliwa z oliwek
Świeżo starty twardy ser dojrzewający, taki jak parmezan, cheddar lub gruyère
Sól
Wyposażenie Grill, brojler (i blacha do pieczenia) lub ciężka patelnia

Zrób pikantne labneh: w misce połącz labneh, czosnek, chili w proszku, oregano, czarny pieprz i sól do smaku. Wymieszaj je dokładnie, upewniając się, że wszystkie rogi labneh zostały w pełni włączone. Przenieś go z powrotem do pojemnika labneh (lub innego zamykanego pojemnika) i pozwól mu kwitnąć przez co najmniej 30 minut. Można go przechowywać w temperaturze pokojowej do 2 godzin lub w lodówce do 3 dni. Jeśli było schłodzone, najlepiej odstawić na około 30 minut przed podaniem.
Zwęglanie warzyw: Tuż przed rozpoczęciem zwęglania warzyw ustaw półmisek do serwowania i rozłóż na nim labneh w miarę równą warstwą. Odłóż na bok na czas gotowania warzyw.
W dużej misce wymieszaj warzywa cienką, niewielką warstwą neutralnego oleju i lekko dopraw solą.

Metoda grillowania Rozgrzej grill na świeżym powietrzu, aż będzie dość gorący. Grilluj warzywa, aż będą nieco czarne na zewnątrz i ledwo miękkie w środku. W przypadku grillowania mniejszych kawałków, takich jak różyczki lub groszek, zaleca się użycie kosza do grillowania. Po ugotowaniu ułóż je natychmiast na przyprawionym labneh, w jednej warstwie. Niektóre nakładanie się nie stanowi problemu.

Metoda brojlerów Rozgrzej brojler do wysokiej temperatury. Wyłóż blachę do pieczenia folią.

Połóż warzywa na blasze do pieczenia w jednej warstwie. Umieść blachę do pieczenia na drugim najwyższym stojaku piekarnika i podpiekaj, aż będą poczerniałe, około 2 minut. Odwróć je i poczernij z drugiej strony — ale jeśli są już ugotowane zgodnie z twoimi upodobaniami, po prostu je wyjmij. Najlepiej, jeśli warzywa nie są rozgotowane, nawet jeśli nie czernieją z obu stron. Po ugotowaniu ułóż je natychmiast na przyprawionym labneh, w jednej warstwie. Niektóre nakładanie się nie stanowi problemu.

Metoda na patelni Umieść patelnię z grubym dnem na dużym ogniu. Gdy będzie dość gorące, dodawaj warzywa partiami, obsmażając je szybko, z jak największym bezpośrednim kontaktem z patelnią, uważając, aby ich nie stłoczyć na patelni. Gdy osiągną pożądany kolor i będą ledwie ugotowane, przenieś je do labneh w jednej warstwie i powtórz z resztą.

Aby zakończyć: Gdy wszystkie warzywa będą ugotowane i ułożone na przyprawionym labneh, skrop je obficie oliwą z oliwek i posyp tartym serem. Doprawiamy je solą do smaku i od razu jemy.

21.   Fioletowa Sałatka Tahini

Służy około 4 jako strona

1 mała główka czerwonej kapusty
3 łyżki drobno posiekanej świeżej pietruszki
2 średnie marchewki, starte
1 papryczka chilli Fresno lub jalapeño, pozbawiona nasion i drobno posiekana (opcjonalnie)
3 łyżki wegańskiego sosu Tahini i więcej do smaku
Sól

Przekrój kapustę przez rdzeń. Za pomocą noża wytnij rdzeń z każdej strony w kształcie litery V (wyrzuć rdzeń). Pokrój każdą połówkę ponownie na pół (pokroiłeś teraz główkę kapusty!). Połóż ćwiartkę na desce do krojenia, aby dobrze leżała, a następnie pokrój ją w cienkie paski. (Alternatywnie możesz użyć mandoliny do posiekania kapusty na najcieńszym ustawieniu, uważając oczywiście, aby nie poszarpać palców.)
W dużej misce połącz kapustę, pietruszkę, marchewkę i chili i dokładnie wymieszaj. Dodać dressing i dobrze wymieszać. Spróbuj doprawić i dodaj sól w razie potrzeby.
Zjedz natychmiast lub w ciągu mniej więcej godziny.

22.   Pieczony Słodkie Ziemniaki

Robi tyle, ile chcesz

1 słodki ziemniak
1 łyżeczka lub mniej neutralnego oleju
Sól koszerna
Kawałek cytryny
Oliwa z oliwek z pierwszego tłoczenia, do skropienia
Świeżo mielony czarny pieprz
Wyposażenie Małe naczynie do pieczenia i folia lub pergamin (opcjonalnie)

Rozgrzej piekarnik do 425 ° F. Wyłóż naczynie do pieczenia folią lub pergaminem. (Nie jest to wymagane, ale znacznie ułatwia czyszczenie, ponieważ cukry ze słodkich ziemniaków wyciekną i karmelizują się).
Nakłuć słodkiego ziemniaka około osiem razy zębami widelca. Pokryj go lekko neutralnym olejem, a następnie obficie posyp solą. Piecz ziemniaki, aż będą całkowicie miękkie, zwykle około 45 minut, w zależności od wielkości ziemniaków.
Rozetnij go, a następnie zakończ wyciśnięciem cytryny, mżawką oliwy z oliwek, większą ilością soli i świeżo zmielonym pieprzem do smaku.

23.   Gruyère, Por i Szwajcarski Chard Pie

Serwuje od 4 do 6

½ przepisu Ciasto z ciasta mamy
2 łyżki niesolonego masła
2 szklanki posiekanych porów, tylko białe i jasnozielone części (z około 2 dużych lub 3 średnich porów)
2 ząbki czosnku, posiekane
Sól
Około 18 liści boćwiny (od 3 do 4 pęczków), usuniętych i wyrzuconych łodyg i nerwów, liście umyte i z grubsza posiekane
Świeżo mielony czarny pieprz
Mąka, do podsypania
1½ szklanki świeżo startego sera Gruyère (około 4¼ uncji)
Wyposażenie Duża patelnia lub patelnia do smażenia, wałek do ciasta, 9-calowa patelnia do ciasta, papier pergaminowy i ciężarki do ciasta (lub suszona fasola)

Wyrobić i schłodzić ciasto na pierogi według przepisu.
Gdy ciasto się chłodzi, zacznij nadziewać. Na dużej patelni sauté podgrzej masło na średnim ogniu, aż się roztopi. Dodaj pory i czosnek, dopraw je solą i smaż, mieszając od czasu do czasu, aż będą przezroczyste, około 10 minut.
Dodaj boćwinę i dopraw ją solą i pieprzem, a następnie kontynuuj smażenie, mieszając od czasu do czasu, aż boćwina będzie ugotowana i ładnie zmiękczona, kolejne 10 minut. Jeśli twoja patelnia jest za mała, możesz dodać trochę boćwiny na raz, dodając więcej, gdy więdnie. Po ugotowaniu posmakuj boćwiny do przypraw i dodaj więcej w razie potrzeby. Odłóż na bok, aż nadejdzie czas na złożenie ciasta.
Jeśli ciasto było chłodzone dłużej niż 1 godzinę, może być konieczne pozostawienie go w temperaturze pokojowej, aż stanie się mniej sztywne i łatwiejsze do wałkowania. Przenieś ciasto na lekko posypaną mąką powierzchnię. Posyp mąką wałek do ciasta i wciśnij go w środek ciasta. Rozwałkuj ciasto w każdym kierunku, zaczynając za każdym razem od środka, aż uzyskasz rundę ciasta o grubości ⅛

cala, uważając, aby nie było zbyt cienkie. Nie martw się o żadne połamane kawałki, rozdarcia lub pokruszone krawędzie — możesz po prostu ponownie przymocować ciasto.

Połóż ciasto na 9-calowej patelni, upewniając się, że jest płaskie na całej powierzchni. Odetnij nadmiar ciasta, pozostawiając około cala wystającego ciasta, a następnie złóż je pod siebie. Jeśli są jakieś rozdarcia lub dziury, możesz je załatać dodatkowym ciastem. Użyj kciuka i palca wskazującego, aby złożyć i zacisnąć krawędzie ciasta na ciasto - lub możesz użyć zębów widelca, aby docisnąć brzegi ciasta dookoła.

Za pomocą widelca nakłuj kilka razy dno i boki skorupy ciasta. Umieść skorupę ciasta w lodówce na co najmniej 30 minut, aby pomóc jej stężeniu. W międzyczasie rozgrzej piekarnik do 425 ° F.

Po podgrzaniu piekarnika i schłodzeniu skorupy ciasta, połóż kawałek pergaminu na spodzie i wypełnij go obciążnikami do ciasta lub suszoną fasolą. Piec, aż skorupa będzie ledwo ustawiona i ugotowana, około 15 minut. Wyjąć z piekarnika, ale pozostawić włączony piekarnik.

Usuń pergamin i ciężarki do ciasta. Połowę sera posypać dnem ciasta, a następnie ułożyć równą warstwę mieszanki boćwiny. Posyp to resztą sera.

Wstaw z powrotem do piekarnika i piecz, aż ser się roztopi, a skórka będzie złocistobrązowa, około 20 minut.

Poczekaj, aż ciasto ostygnie, a następnie pokrój i podawaj.

24.   Ciasto Szpinakowe Mamy

Służy od 6 do 8

Około 4 filiżanek grzanek Cheddar lub grzanki ziołowej — wystarczy, aby ułożyć jedną warstwę na dnie naczynia do pieczenia
Około 1½ funta liści szpinaku
8 uncji sera cheddar, pokrojonego w ½-calowe kostki
1 funt twarogu
3 duże jajka, lekko ubite
3 łyżki niesolonego masła, roztopionego
4 plastry bekonu, ugotowane do chrupkości
Sól i świeżo mielony czarny pieprz
Wyposażenie Duży garnek do blanszowania szpinaku, naczynie do pieczenia 9 × 13 cali i duże sito

Rozgrzej piekarnik do 375 ° F.
Doprowadź duży garnek wody do wrzenia. W międzyczasie wyłóż dno naczynia do pieczenia o wymiarach 9 × 13 cali pojedynczą warstwą grzanek.
Gdy woda się zagotuje, dodaj do niej liście szpinaku i zamieszaj. Pozwól im ledwo zwiędnąć – zajmie to około 10 sekund – a następnie przenieś je na sito i opłucz pod zimną wodą. Gdy ostygną na tyle, aby można było nimi manipulować, wyciśnij jak najwięcej płynu rękoma. Przenieś szpinak na deskę do krojenia i drobno posiekaj.
Dodaj szpinak do dużej miski wraz z cheddarem, twarogiem, jajkami i roztopionym masłem. Użyj rąk, aby pokruszyć bekon do miski i mieszaj mieszaninę, aż dobrze się połączy. Doprawiamy solą i pieprzem, pamiętając, że bekon ma już w sobie dużo soli.
Połóż mieszankę szpinaku na grzankach w równej warstwie. Przenieś naczynie do piekarnika i piecz, aż się zetnie, a ser się rozpuści, około 30 minut. Jeśli chcesz uzyskać trochę więcej koloru, możesz dokończyć go pod brojlerem przez dodatkową minutę lub dwie.
Ciasto ze szpinakiem można podawać od razu. Uważam też, że bardzo dobrze się nagrzewa.

25. Zapiekanka Ziemniaczano-Squashowa

Służy od 6 do 8

Oliwa z oliwek
1 duży pęczek boćwiny
1 duży (lub 2 średnie) pory, tylko biała i jasnozielona część
6 ząbków czosnku, obranych
Sól i świeżo mielony czarny pieprz
1 średnia dynia piżmowa (około 3 funtów)
1 funt woskowatych żółtych ziemniaków
2½ szklanki startego topiącego się sera, takiego jak Gruyère
Wyposażenie 3-kwartowe naczynie do pieczenia

Rozgrzej piekarnik do 350 ° F. Nasmaruj płytkie 3-kwartowe naczynie do pieczenia oliwą z oliwek.

Usuń łodygi i nerwy z boćwiny i odłóż liście na bok. Drobno posiekaj pory, czosnek i łodygi boćwiny. Posyp mieszanką dno naczynia do pieczenia. Skrop je odrobiną oliwy z oliwek i dopraw solą i kilkoma skrętami świeżo zmielonego czarnego pieprzu.

Dynię obrać i przekroić wzdłuż na ćwiartki, odrzucając nitki i nasiona. Pokrój każdą ćwiartkę w poprzek na plastry o grubości ¼ cala. Pokrój ziemniaki w plastry o grubości pół cala. Umieść dynię i ziemniaki w misce i wrzuć je z 1½ łyżki oliwy z oliwek i dopraw solą i pieprzem – możesz być dość liberalny z solą, ponieważ będzie ona również solą boćwiny.

Aby złożyć zapiekankę, ułóż warstwę liści boćwiny na dnie, a następnie warstwę dyni, a następnie ziemniaki - powtarzaj, aż wszystko zużyjesz. Nie martw się, jeśli wygląda rustykalnie i ma wystające kawałki boćwiny lub niewielką ilość ziemniaków i dyni na ostatnią warstwę – to po prostu dodaje uroku.

Przykryj zapiekankę folią, włóż do piekarnika i piecz przez 30 minut. Zdejmij folię i piecz, aż ziemniaki i dynia będą ugotowane, a górna warstwa zapiekanki zacznie nabierać koloru, czyli jeszcze przez godzinę.

Posyp zapiekankę startym serem i ponownie włóż do piekarnika, pozwalając mu się zapiekać, aż ser się roztopi. Jeśli chcesz, aby twój ser był nieco rumiany, możesz go dokończyć pod brojlerem – ale jest coś naprawdę przyjemnego w miękkim, lepkim serze topionym. Wyjmij zapiekankę z piekarnika i pozwól jej nieco ostygnąć przed podaniem.

26. Chleb Brokułowo-Kiełbasowy

Serwuje 4

Połowa porcji prawie ciasta na pizzę (około 9 uncji) lub połowa 1-funtowej kulki kupionego w sklepie ciasta na pizzę
1 łyżka oliwy z oliwek
8 uncji Cal-włoska kiełbasa wieprzowa z rozmarynem i skórką pomarańczową lub kupiona w sklepie słodka włoska kiełbasa (usunięte osłonki)
2 ząbki czosnku, posiekane
3 szklanki drobno posiekanych różyczek brokułów (z około 2 łodyg)
Sól i świeżo mielony czarny pieprz
½ łyżeczki suszonego oregano
Szczypta mielonej czerwonej papryki
Mąka, do rozwałkowania
1 jajko (opcjonalnie)
Wyposażenie Patelnia, blacha do pieczenia, papier do pieczenia, wałek do ciasta lub butelka wina i pędzel do ciasta (opcjonalnie)

Jeśli ciasto (domowe lub kupione w sklepie) było przechowywane w lodówce, odstaw je na 30 minut do 1 godziny, aby osiągnęło temperaturę pokojową.
W międzyczasie na patelni rozgrzej olej na średnim ogniu, aż zacznie błyszczeć. Dodaj kiełbasę i smaż ją, aż zacznie się rumienić na brzegach, rozbijając ją łyżką kuchenną, aby pomóc jej się pokruszyć podczas gotowania, około 7 minut.
Dodać czosnek i wymieszać z kiełbasą, następnie dodać brokuły i doprawić solą i pieprzem. Dodaj oregano i zmiażdżoną czerwoną paprykę i wymieszaj, aby połączyć. Dodaj odrobinę wody i zdeglasuj patelnię, zeskrobując zrumienione kawałki kiełbasy i mieszając je. Kontynuuj gotowanie, od czasu do czasu mieszając, aż kiełbasa się ugotuje, a brokuły zmiękną, ale nadal będą miały mały kęs. 8 do 10 minut. Zdjąć z ognia i odstawić.
Rozgrzej piekarnik do 375 ° F. Wyłóż blachę do pieczenia pergaminem.

Gdy ciasto będzie gotowe, lekko posyp mąką powierzchnię roboczą i umieść na niej ciasto. Lekko posyp mąką wałek do ciasta i rozwałkuj ciasto na cienki prostokąt o wymiarach około 16 × 9 cali. Nie martw się zbytnio o to, że jest ładna lub idealna. Może być dość rustykalny. Lekko potrząśnij ciastem i unieś je, upewniając się, że nie przywarło do powierzchni.

Połóż nadzienie z brokułów / kiełbasy na cieście, pozostawiając około 1 cala przestrzeni wokół zewnętrznych krawędzi. Długim bokiem do siebie zwiń ciasto jak galaretkę, delikatnie dociskając podczas rolowania. Przygotuj się do podniesienia go obiema rękami – możesz nawet trochę pociągnąć tutaj, aby nieco wydłużyć jego długość – i połóż go szwem w dół na wyłożonej blachą do pieczenia. Powinno to być dość mocne ciasto. Jeśli pieczesz drugi chleb, pamiętaj, aby zostawić miejsce na blasze do pieczenia.

Za pomocą noża wykonaj cztery płytkie nacięcia wzdłuż wierzchu, jak na bagietce.

Wbij jajko do miski i roztrzep je z łyżką wody. Za pomocą pędzla do ciasta namaluj jajko na wierzchu chleba. Możesz pominąć ten krok, jeśli chcesz, ale wolę bardziej błyszczący kolor, jaki uzyskuje skorupa z mycia jajek.

Piecz, aż zewnętrzna strona będzie złocistobrązowa, a ciasto w środku upieczone, około 30 minut. Pozwól mu odpocząć przez co najmniej 10 minut przed pokrojeniem w plastry. Podawaj na gorąco lub w temperaturze pokojowej.

27. <u>Krauty Wędzony Cheddar Chleb Brokułowy</u>

Serwuje 4

Połowa porcji prawie ciasta na pizzę (około 9 uncji) lub połowa 1-funtowej kulki kupionego w sklepie ciasta na pizzę
2 łyżki oliwy z oliwek
3 ząbki czosnku, posiekane
3 szklanki drobno posiekanych różyczek brokułów (z około 2 łodyg)
Sól i świeżo mielony czarny pieprz
½ łyżeczki suszonego oregano
Szczypta mielonej czerwonej papryki
Mąka, do rozwałkowania
4 uncje wędzonego sera cheddar, pokrojonego w ½-calowe kostki
½ szklanki odsączonej kiszonej kapusty
1 jajko (opcjonalnie)
2 łyżeczki lub więcej nasion sezamu
Musztarda żółta lub delikatesowa do podania
Wyposażenie Patelnia, blacha do pieczenia, papier do pieczenia, wałek do ciasta lub butelka wina i pędzel do ciasta (opcjonalnie)

Jeśli ciasto (domowe lub kupione w sklepie) było przechowywane w lodówce, odstaw je na 30 minut do 1 godziny, aby osiągnęło temperaturę pokojową.
W międzyczasie na patelni rozgrzej olej na średnim ogniu, aż zacznie błyszczeć. Dodać czosnek i smażyć, aż zacznie się rumienić na brzegach. Dodać brokuły i doprawić solą i pieprzem. Dodaj oregano i zmiażdżoną czerwoną paprykę i wymieszaj, aby połączyć. Kontynuuj gotowanie, mieszając od czasu do czasu, aż brokuły będą miękkie, ale nadal będzie miał trochę kęsa, około 10 minut. Jeśli patelnia za bardzo wysycha, dodaj niewielką ilość wody, aby pomóc brokułom ugotować się na parze i dokończyć gotowanie — upewnij się tylko, że woda całkowicie odparowała. Zdjąć z ognia i odstawić. Rozgrzej piekarnik do 375 ° F. Wyłóż blachę do pieczenia pergaminem.
Gdy ciasto będzie gotowe, lekko posyp mąką powierzchnię roboczą i umieść na niej ciasto. Lekko posyp mąką wałek do ciasta i

rozwałkuj ciasto na długi, cienki prostokąt o wymiarach około 16 × 9 cali. Nie martw się zbytnio o to, że jest ładna lub idealna. Może być dość rustykalny. Lekko potrząśnij ciastem i unieś je, upewniając się, że nie przywarło do powierzchni.

Połóż nadzienie na cieście, pozostawiając około 1 cala przestrzeni wokół zewnętrznej krawędzi. Rozłóż wędzony ser cheddar na nadzieniu, a następnie kiszoną kapustę. Długim bokiem do siebie zwiń ciasto jak galaretkę, delikatnie dociskając podczas zwijania. Przygotuj się do podniesienia go obiema rękami – możesz nawet trochę pociągnąć tutaj, aby nieco wydłużyć jego długość – a następnie połóż go szwem w dół na wyłożonej blachą do pieczenia. Powinien to być dość twardy chleb. Jeśli pieczesz drugi chleb, pamiętaj, aby zostawić miejsce na blasze do pieczenia.

Za pomocą noża wykonaj cztery płytkie nacięcia wzdłuż wierzchu, jak na bagietce.

Wbij jajko do miski i roztrzep je z łyżką wody. Za pomocą pędzla do ciasta pomaluj jajko wzdłuż górnej części. Możesz pominąć ten krok, jeśli chcesz, ale wolę bardziej błyszczący kolor, jaki uzyskuje skorupa z mycia jajek. Posyp jajko posypane sezamem. (Jeśli unikasz mycia jajek i nadal chcesz ziarna sezamu, zamiast tego możesz posmarować chleb wodą, aby nasiona lepiej przylegały.)

Piecz, aż zewnętrzna strona będzie złocistobrązowa, a ciasto w środku upieczone, około 30 minut. Pozwól mu odpocząć przez co najmniej 10 minut przed pokrojeniem w plastry. Podawaj na gorąco lub w temperaturze pokojowej, z musztardą do maczania.

KOLACJA NOWOROCZNA

28. Chleb kukurydziany Fresno Chile i biały cheddar

Serwuje od 4 do 6

Masło, do tortownicy
1¼ szklanki (175 g) mąki uniwersalnej
¾ szklanki (130 g) mąki kukurydzianej
1 łyżka stołowa plus 2 łyżeczki (25 g) proszku do pieczenia
1 zawsze lekko czubata łyżeczka (7g) drobnej soli morskiej
1 duże jajko, ubite
1 szklanka (250 g) maślanki
¼ szklanki (85 g) miodu lub (50 g) cukru pudru
2 łyżki niesolonego masła, roztopionego
½ szklanki świeżych ziaren kukurydzy (opcjonalnie)
1 Chili Fresno lub jalapeño, pozbawiona nasion i drobno posiekana
2 łyżki drobno posiekanej świeżej pietruszki
8 uncji białego sera cheddar, świeżo startego
Wyposażenie 9-calowa patelnia do ciasta lub żeliwna patelnia

Rozgrzej piekarnik do 375 ° F. Nasmaruj 9-calową patelnię lub żeliwną patelnię obficie masłem.

W dużej misce wymieszaj mąkę, mąkę kukurydzianą, proszek do pieczenia i sól. Dokładnie wymieszaj, aż wszystko dobrze się połączy. Dodaj jajko, maślankę, miód, roztopione masło, kukurydzę (jeśli używasz), chili, pietruszkę i połowę sera cheddar. Złóż składniki razem, aż uzyskasz jednolite, dobrze wymieszane ciasto. Będzie trochę sztywny, ale to nic.

Wlej masę do tortownicy i użyj łyżki lub silikonowej szpatułki, aby nieco ją wyrównać. Posyp pozostałym startym serem cheddar.

Piecz chleb kukurydziany, aż tester do ciasta lub wykałaczka włożona do środka wyjdzie czysta, a wierzch będzie złotobrązowy, od 25 do 30 minut. Jeśli wnętrze jest gotowe, ale chcesz, aby wierzch był bardziej zrumieniony, możesz szybko dokończyć go pod brojlerem.

Wyjmij chleb kukurydziany z piekarnika i pozwól mu odpocząć przez co najmniej 15 minut przed pokrojeniem i podaniem.

29. <u>Wegański Cal-włoski czarnooki groszek</u>

Serwuje od 4 do 6

2 łyżki oliwy z oliwek
½ cebuli, pokrojonej w kostkę (około 1 szklanki)
½ zielonej papryki, pokrojonej w kostkę (około 1 szklanki)
3 ząbki czosnku, posiekane
Sól i świeżo mielony czarny pieprz
¾ szklanki pokrojonego w kostkę pomidora
3 ½ szklanki ugotowanego groszku czarnookiego z płynem do gotowania lub 2 (16 uncji) puszki groszku czarnookiego, nieodsączonego
2 łyżeczki octu balsamicznego
1 łyżeczka tamari
Wyposażenie Duża patelnia

Na dużej patelni rozgrzej oliwę z oliwek na średnim ogniu, aż zacznie błyszczeć. Dodaj cebulę, paprykę i czosnek. Dopraw solą i czarnym pieprzem i pozwól warzywom smażyć, mieszając od czasu do czasu, aż zwiędną, około 5 minut.

Dodaj pomidory, groszek czarnooki, ocet i tamari, dopraw solą i czarnym pieprzem i wymieszaj. Zwiększyć ciepło do średnio-wysokiego i doprowadzić do wysokiego wrzenia. Zmniejsz ogień do delikatnego wrzenia i gotuj, od czasu do czasu mieszając patelnię, aż płyn zgęstnieje i zredukuje się do tego stopnia, że możesz przeciągnąć łyżką po patelni, a płyn minie chwilę, zanim wpadnie i wypełni pustą przestrzeń.

Spróbuj groszku do przyprawiania i dostosuj w razie potrzeby. Zjedz od razu lub trzymaj w cieple.

30. Smażona boćwina szwajcarska

Serwuje od 4 do 6

3 łyżki oliwy z oliwek
4 ząbki czosnku, posiekane lub 1 duży por, tylko biała i jasnozielona część, posiekany
2 funty szwajcarskiej boćwiny, odrzucone łodygi i liście umyte i z grubsza podarte (ewentualna woda z mycia może nadal przylegać do liści)
Sól
Wyposażenie Duża patelnia z pokrywką

Na dużej patelni rozgrzej olej na średnim ogniu, aż zacznie błyszczeć. Dodaj czosnek lub por i smaż, aż lekko zbrązowieją na brzegach. Dodaj boćwinę i szczyptę soli. Smażyć, regularnie mieszając, przez około 1 minutę. Zmniejsz ogień do średniego, przykryj i gotuj na parze, aż boćwina całkiem zwiędnie, około 2 minut. Odkryj i kontynuuj gotowanie, aż liście będą miękkie, około 3 minuty dłużej. Doprawiamy do smaku solą i podajemy.

SAŁATKI I DRESSINGI

31. Sos cytrynowo-tamari bez przepisu

2 łyżki tahiny
2 łyżki oliwy z oliwek extra vergine
2 łyżeczki octu ryżowego
2 łyżeczki octu z czerwonego wina
2 łyżeczki tamari
Sól (opcjonalnie)
Sprzęt Trzepaczka (lub widelec)

W małej misce połącz tahini, oliwę z oliwek, ocet ryżowy, ocet winny i tamari i energicznie wymieszaj. Spróbuj doprawić i w razie potrzeby dodaj sól. Opatrunek zużyć natychmiast lub przechowywać w lodówce przez kilka dni.

32.   <u>Dressing Imbirowo-Sezamowy</u>

Wychodzi około ¾ szklanki

1½ łyżki nasion sezamu, świeżo uprażonych lub zakupionych już uprażonych
1½ łyżeczki drobno startego świeżego imbiru
3 łyżki świeżego soku z limonki
3 łyżki oleju sezamowego
3 łyżki oliwy z oliwek
2 łyżki octu ryżowego
1 łyżka tamari
Sól (opcjonalnie)
Wyposażenie Tarka (do imbiru) i trzepaczka (lub widelec)

W małej misce połącz nasiona sezamu, imbir, sok z limonki, olej sezamowy, oliwę z oliwek, ocet i tamari i energicznie wymieszaj. Spróbuj doprawić i w razie potrzeby dodaj sól. Opatrunek zużyć natychmiast lub przechowywać w lodówce przez kilka dni.

33. Szalotka Winegret

Wychodzi około 1½ filiżanki

¾ szklanki oliwy z oliwek extra virgin
¼ szklanki octu z czerwonego wina
1 łyżka mielonej szalotki
2 łyżeczki musztardy
¼ łyżeczki świeżo zmielonego czarnego pieprzu
Sól
Wyposażenie 1-litrowy słoik na przetwory (najlepiej z plastikową zakrętką)

W 1-litrowym słoiku (lub innym zamykanym pojemniku) połącz olej, ocet, szalotkę, musztardę, czarny pieprz i sól do smaku. Zakręć pokrywkę i energicznie potrząsaj przez kilka sekund, aż uzyskasz półpłynny winegret. Spróbuj przypraw i dostosuj według własnego uznania. Zużyć od razu lub przechowywać przez 3 dni w lodówce. Tylko upewnij się, że szybko ją wstrząśniesz, zanim ubierzesz sałatkę.

34. Siekany Sałatkowy Winegret

Wychodzi około ¾ szklanki

¼ szklanki oliwy z oliwek z pierwszego tłoczenia
2 łyżki świeżego soku z cytryny
2 łyżki octu z czerwonego wina
1 mały ząbek czosnku, starty
½ łyżeczki musztardy Dijon
½ łyżeczki suszonego oregano
¼ łyżeczki (lub kilka skrętów) świeżo zmielonego czarnego pieprzu
¼ łyżeczki (lub po prostu lekka mżawka) miodu
Sól
Wyposażenie Tarka (do czosnku) i trzepaczka

W małej misce połącz olej, sok z cytryny, ocet, czosnek, musztardę, oregano, czarny pieprz i miód. Dodaj szczyptę soli na trzy palce i energicznie wymieszaj wszystko razem, upewniając się, że miód nie jest zbrylony na dnie miski. Spróbuj sosu do przyprawiania i w razie potrzeby dodaj więcej soli.

Najlepsze jest od razu, ale można je też przechowywać pod przykryciem w lodówce do 3 dni. Tylko upewnij się, że ponownie dokładnie go ubiłeś przed dodaniem do sałatki.

35. Ranczo probiotyczne

Robi około ⅔ filiżanki

½ szklanki probiotycznego jogurtu naturalnego
2 łyżki oliwy z oliwek extra vergine
1 łyżka drobno posiekanej świeżej pietruszki
1 ząbek czosnku, starty
1 łyżeczka świeżego soku z cytryny
¼ łyżeczki suszonych ziół, takich jak oregano lub przyprawa włoska
¼ łyżeczki czosnku granulowanego
¼ łyżeczki cebuli granulowanej
⅛ łyżeczki świeżo zmielonego czarnego pieprzu lub więcej do smaku
Sól
Wyposażenie Tarka (do czosnku) i trzepaczka

W małej misce połącz jogurt, olej, pietruszkę, starty czosnek, sok z cytryny, zioła, granulowany czosnek, granulowaną cebulę i czarny pieprz i wymieszaj, aby połączyć. Doprawić do smaku solą. Sos można zużyć od razu, ale smak suszonych składników zintensyfikuje się, gdy trochę odpocznie. Opatrunek ten będzie przechowywany w lodówce przez około 5 dni.

36. Hipisowska Kalifornia

Pozwala przygotować 2 duże sałatki lub 4 do 6 sałatek bocznych

1 główka sałaty lub około 4 filiżanek luźno upakowanych liści
3 uncje kiełków, takich jak lucerna, brokuły, daikon lub cebula
8 uncji ogórka (każdy rodzaj będzie odpowiedni), pokroić na kawałki wielkości kęsa
1 średnia marchewka, starta
1 szklanka ugotowanej lub z puszki ciecierzycy (lub ulubionej fasoli), odsączonej i opłukanej
2 małe lub 1 średnie mandarynki bez pestek, podzielone na segmenty
Wegański sos tahini
Sól i świeżo mielony czarny pieprz
1 średnie awokado
2 łyżki pestek słonecznika lub pestek dyni, świeżo uprażonych lub zakupionych już uprażonych

Jeśli zaczynasz od główki sałaty, rozerwij ją na duże, szorstkie kawałki, a następnie umyj i dokładnie osusz liście. Dodaj je do dużej miski, a następnie kiełki. Rozdrobnij trochę kiełki w misce i spróbuj rozprowadzić je w sałacie bez zbytniego zbrylania. Do miski dodać ogórka, marchewkę, ciecierzycę i mandarynkę. Dodaj dressing i dokładnie wymieszaj, aby połączyć sałatkę, ponownie uważając na duże grudki kiełków. Skosztuj sałatkę do przyprawiania, a następnie dopraw ją solą i świeżo zmielonym czarnym pieprzem.
Podziel sałatkę na osobne miski lub jedną dużą miskę do serwowania. Przekrój awokado na pół i wypestkuj, a następnie za pomocą łyżki pokrój cienkie plasterki i połóż je na wierzchu sałatki. Dopraw awokado odrobiną soli. Posyp sałatkę (sałatki) stosunkowo równą warstwą nasion słonecznika. Natychmiast podawaj.

37. <u>Kotlet z warzywami</u>

Pozwala przygotować 2 duże sałatki lub 4 do 6 sałatek bocznych

Sól

1 szklanka lub więcej pokrojonych w kostkę warzyw, takich jak szparagi, cukinia, brokuły, fasolka szparagowa, młode brokuły, ziemniaki, kalafior i tym podobne

4 szklanki pokrojonej w kostkę sałaty (uwielbiam połączenie rzymskiej, radicchio i rukoli) uważając, aby nie użyć zbyt dużo gorzkiej sałaty, takiej jak radicchio lub endywia

2 łodygi selera, pokrojone w kostkę

¼ szklanki drobno posiekanej świeżej pietruszki o płaskich liściach

½ szklanki posiekanej pomarańczowej lub czerwonej papryki (lub dowolnego surowego warzywa, które lubisz, takiego jak ogórek, groszek lub tym podobne)

1¾ szklanki ugotowanej fasoli domowej roboty lub 1 (15 uncji) puszki, odsączonej i opłukanej

2 łyżki lub więcej pokrojonych w kostkę marynowanych papryczek, takich jak jalapeños lub pepperoncini (opcjonalnie)

Siekany Sałatkowy Winegret

Sól

2 uncje dojrzałego białego sera cheddar (lub dowolnego sera, który masz pod ręką), startego ze średnimi otworami tarki pudełkowej (około ¾ szklanki)

Wyposażenie 4-litrowy garnek do blanszowania warzyw oraz sito lub durszlak

Zagotuj około 4-litrowy garnek wody. W międzyczasie napełnij dużą miskę lodem i zimną wodą – to zaszokuje warzywa po ich blanszowaniu, zatrzyma proces gotowania i zachowa ich jasny kolor. Gdy woda się zagotuje, dopraw ją agresywnie solą (powinna być słona, jak morze). Dodaj pokrojone w kostkę warzywa, które lubisz i masz pod ręką, mierząc czas ich gotowania, aby móc je wszystkie odcedzić w tym samym czasie. Oto krótki przewodnik po trudnych czasach gotowania:

Ziemniaki: 5 minut

Szparagi, młode brokuły, brokuły, kalafior, fasolka szparagowa: 90 sekund

Cukinia: 50 sekund

Po ugotowaniu warzyw natychmiast przenieś je do łaźni lodowej, aby je zszokować, mieszając je ręką lub łyżką. Pozostaw warzywa w łaźni lodowej na około 5 minut. Po tym przekonasz się, że lód w większości się stopił i wypłynął na górę. Wyrzuć lód i dobrze odsącz warzywa na sicie. Powinny być zimne, chrupiące, lekko ugotowane i jeszcze trochę ich ugryźć.

W dużej misce połącz odsączone warzywa, sałaty, seler, pietruszkę, paprykę, fasolę, marynowaną paprykę (jeśli używasz) i wszelkie dodatkowe warzywa. Dodać winegret i delikatnie wymieszać. Spróbuj soli, dodając więcej w razie potrzeby, pamiętając, że ser jest słony.

Sałatkę rozłożyć do miseczek i posypać tartym serem.

38. Sałatka Z Kurczaka Imbirowo-Kolendrowego

Przepis na 2 sałatki do dania głównego

2½ szklanki posiekanej sałaty rzymskiej (kawałki wielkości kęsa, około 1 małej główki)

½ średniej głowy czerwonej kapusty, drobno poszatkowanej lub pokrojonej w cienkie plasterki

2 szklanki szarpanego kurczaka (około 1 dużej piersi lub 2 ud), schłodzone w lodówce

¼ szklanki ciasno upakowanych posiekanych świeżych liści kolendry

1 jabłko, pozbawione gniazd nasiennych i grubo starte

1 marchewka, grubo starta

1 bezpestkowa mandarynka lub mandarynka, obrana i pokrojona na kawałki

½ szklanki posiekanych migdałów

Dressing Imbirowo-Sezamowy, użyty do smaku

1 łyżka oleju sezamowego

¼ łyżeczki soli

1 łyżeczka shichimi lub do smaku

Wyposażenie Tarka i patelnia

W dużej misce połącz sałatę, kapustę, kurczaka, kolendrę, jabłko, marchewkę i mandarynkę i wrzuć je razem, aż będą w większości wymieszane.

Umieść patelnię na średnim ogniu i dodaj do niej migdały, mieszając od czasu do czasu.

W międzyczasie dodaj sos do sałatki i dokładnie wymieszaj, aż wszystko pokryje się sosem. Porcjuj sałatkę do dwóch misek (lub do jednej dużej miski, jeśli chcesz) i odłóż je na bok podczas sprawdzania migdałów.

Gdy migdały zaczną pachnieć i lekko zbrązowieją na brzegach (zajmie to od 3 do 4 minut), dodaj olej sezamowy i sól na patelnię i ciągle mieszaj. Jeśli olej lub migdały zaczną gorzko pachnieć lub staną się czarne, zmniejsz ogień. Gdy uzyskasz częściowe zrumienienie – około 1 do 2 minut – posyp shichimi i kontynuuj mieszanie przez kolejne 30 sekund.

Natychmiast posmaruj wierzch sałatki gorącą mieszanką migdałów – po wylądowaniu może trochę skwierczeć – i podawaj od razu.

39. Surówka z Sałatki Cezara

Sprawia, że zanurza się około 1⅓ filiżanki

2 żółtka
4 filety anchois, grubo posiekane (opcjonalnie)
3 ząbki czosnku, grubo posiekane
½ szklanki startego sera Parmigiano-Reggiano i więcej do smaku
¼ szklanki świeżego soku z cytryny i więcej do smaku
¼ łyżeczki musztardy Dijon
½ łyżeczki sosu Worcestershire
¾ łyżeczki świeżo zmielonego czarnego pieprzu, plus więcej do smaku
Sól
⅔ szklanki oleju rzepakowego
3 łyżki oliwy z oliwek extra vergine
4 główki romaine serca, liście rozdzielone
Wyposażenie Robot kuchenny lub blender zanurzeniowy i trzepaczka
W robocie kuchennym (lub w wysokim wąskim pojemniku, jeśli używasz blendera zanurzeniowego), połącz żółtka, anchois (jeśli używasz), czosnek, parmigiano, sok z cytryny, musztardę, Worcestershire, czarny pieprz i szczyptę soli . Miksuj składniki, aż się połączą. Gdy maszyna pracuje, powoli wlewaj olej rzepakowy, aż do uzyskania pełnej emulsji. Przełóż dressing do miski i wymieszaj z oliwą z oliwek. Doprawiamy do smaku dodatkową solą, pieprzem i sokiem z cytryny. Jeśli sos jest nieco rzadszy niż do maczania, zetrzyj na nim trochę sera.
Podawaj dressing w miseczce, otoczony liśćmi romaine. Zalecam trzymanie dodatkowego sosu w lodówce i wymienianie go w razie potrzeby, zamiast pozostawiania całej partii. Opatrunek będzie przechowywany w lodówce pod przykryciem przez około 3 dni.

40.   Sałatka Z Grzankami I Ranczo Probiotyczne

Podaje 3 jako danie główne lub 4 do 6 jako dodatek

Grzanki Cheddar (przepis poniżej)
Ranczo probiotyczne
2 główki sałaty z grubsza posiekane, takie jak rzymska lub czerwona
1 średnia czerwona papryka, pokrojona na małe kawałki
8 uncji ogórka, przekrojonego wzdłuż na pół i pokrojonego w poprzek na półksiężyce o grubości około ⅛ cala
1 średnia do dużej marchewka, starta
5 lub 6 bardzo cienkich plasterków czerwonej cebuli
½ szklanki oliwek bez pestek, takich jak Kalamata lub czarne oliwki
Sól i świeżo mielony czarny pieprz
Tarka do sprzętu
Przygotować grzanki i dressing według przepisu.
Gdy będziesz gotowy do podania sałatek, w dużej misce połącz schłodzone grzanki, sałatę, paprykę, ogórek, marchewkę, czerwoną cebulę i oliwki. Wrzuć je z wystarczającą ilością sosu sałatkowego, aby całkowicie pokryć liście. Spróbuj doprawić, dodając więcej soli i pieprzu w razie potrzeby.
Zjedz sałatkę natychmiast.

41.   grzanki z cheddarem

Robi 4 filiżanki

2½ łyżki oliwy z oliwek
1 zaokrąglona łyżeczka papryki (najlepiej wędzonej)
1¼ uncji sera cheddar, drobno startego
8 uncji chleba, pokrojonego w kostki od ¾ do 1 cala
Sól i świeżo mielony czarny pieprz
Wyposażenie Tarka, blacha do pieczenia i papier do pieczenia

Rozgrzej piekarnik do 425 ° F. Wyłóż blachę do pieczenia pergaminem.
W dużej misce połącz oliwę z oliwek, paprykę i cheddar i zamieszaj, aby połączyć. Dodaj kostki chleba oraz sól i pieprz do smaku. Dokładnie je wymieszaj, aby się połączyły. Ułóż w jednej warstwie na wyłożonej blachą do pieczenia.
Opiekaj grzanki, aż będą chrupiące, ale nadal lekko miękkie w środku, około 10 minut, w zależności od wilgotności chleba.
Dopraw je do smaku większą ilością soli i pieprzu. Przed użyciem pozwól im ostygnąć do temperatury pokojowej.

42. Kurkuma Sałatka Pomidorowa Ze Smażonymi Ziołami

Serwuje od 4 do 6

Około 1 funta dojrzałych, letnich pomidorów, pokrojonych w plastry o grubości około ¼ cala
2 łyżki oleju jadalnego
1 łyżeczka nasion kminku
1 łyżeczka nasion gorczycy czarnej
1 łyżeczka mielonej kurkumy
½ szklanki luźno upakowanych różnych miękkich liści ziół, takich jak mięta, bazylia, kolendra i pietruszka
Płatkowata sól morska
Chrupiący chleb, do serwowania
Wyposażenie Wąski rondel z grubym dnem

Połóż pokrojone pomidory w jednej warstwie na półmisku, w razie potrzeby lekko nachodząc na siebie.
W wąskim rondlu z grubym dnem połącz olej, nasiona kminku i czarną gorczycę i delikatnie obracaj patelnię na średnim ogniu. Gdy przyprawy zaczną strzelać, pozwól im gotować się przez kolejne 30 sekund, zwracając uwagę na nawet najmniejszy zapach spalenizny – a jeśli tak, natychmiast zmniejsz ogień.
Dodaj kurkumę i zielone zioła i obracaj patelnię, lekko ją przechylając i pomagając usmażyć zioła. Smaż przez około 45 sekund, a następnie natychmiast polej wszystkie pomidory olejem, ziołami i przyprawami. Dopraw płatkami soli morskiej i natychmiast podawaj. Podawaj z chrupiącym chlebem, aby wchłonąć resztki oleju i soków.

43. <u>Właściwa sałatka grecka</u>

Służy 1 jako główny lub 3 lub 4 jako dodatek

1 średni pomidor (około 10 uncji), pokrojony na duże kawałki wielkości kęsa
½ małej lub ¼ średniej czerwonej cebuli, pokrojonej w dość cienkie plasterki (ale nie cienkie jak papier)
½ szklanki oliwek Kalamata, bez pestek lub bez, w zależności od preferencji
1 ogórek angielski, obrany i pokrojony na duże kawałki
½ łyżeczki suszonego greckiego oregano plus więcej do posypania
3 łyżki oliwy z oliwek z pierwszego tłoczenia, plus więcej do skropienia
Sól i świeżo mielony czarny pieprz
3 uncje sera feta
Chrupiący chleb, do maczania

W misce wymieszaj pomidory, cebulę, oliwki, ogórek, oregano i oliwę z oliwek. Doprawiamy solą i pieprzem, pamiętając, że oliwki i feta są już dość słone. Delikatnie wymieszaj ze sobą wszystkie składniki. Przełożyć do miski i udekorować kawałkiem lub porcjami sera feta. Skrop fetę większą ilością oliwy z oliwek i posyp odrobiną oregano. Zjeść od razu, z chlebem do maczania.

44. Spiżarnia Sałatka z wodorostów

Służy 4 jako strona

1 uncja suszonego wakame lub „mieszanki sałat z wodorostów"
⅛ łyżeczki musztardy w proszku
2 łyżki tamari
2 łyżki octu ryżowego
1 łyżka oleju sezamowego
1 łyżeczka startego lub drobno posiekanego świeżego imbiru
1 łyżeczka prażonych białych nasion sezamu, świeżo uprażonych lub zakupionych już uprażonych
Sito wyposażenia

Całkowicie zanurz suszone wodorosty w zimnej wodzie i pozostaw do namoczenia na 7 minut.
Tymczasem w średniej misce połącz proszek musztardowy i odrobinę tamari. Ubij je razem, aby usunąć wszelkie grudki z proszku musztardowego, a następnie dodaj resztę tamari, ocet, olej sezamowy, imbir i nasiona sezamu i wymieszaj tylko do połączenia. Odcedź wodorosty i wyciśnij nadmiar wilgoci dłońmi. Dodaj uwodnione wodorosty do miski i wymieszaj. Można go zjeść od razu lub przechowywać pod przykryciem w lodówce przez około 4 dni. Uważam, że sałatkę z wodorostów najlepiej spożywać około godzinę po ubraniu.

MAKARON I KLASY

45.   <u>Prosty sos pomidorowy</u>

Służy 2 lub 3

Sól
1 (28 uncji) puszka całych obranych pomidorów
1½ łyżki oliwy z oliwek z pierwszego tłoczenia
2 ząbki czosnku, cienko pokrojone lub posiekane (ja wolę cienko pokrojone)
Szczypta mielonej czerwonej papryki
¼ łyżeczki suszonego oregano
Garść listków świeżej bazylii lub ½ łyżeczki suszonej bazylii
Świeżo mielony czarny pieprz
2 łyżki drobno posiekanej świeżej pietruszki o płaskich liściach (opcjonalnie)
Makaron i porcja
12 uncji suszonego makaronu, dowolnego rodzaju (chociaż moim ulubionym jest spaghetti)
1½ łyżki niesolonego masła (opcjonalnie)
Parmigiano-Reggiano lub inny twardy ser, który lubisz
Oliwa z oliwek z pierwszego tłoczenia, do skropienia
Jeszcze świeża bazylia na koniec
Wyposażenie Duży garnek do gotowania makaronu, duża patelnia (wystarczająco duża, aby zmieścić zarówno sos, jak i ugotowany makaron) oraz durszlak

Doprowadź garnek wody do wrzenia na dużym ogniu na makaron. Wodę obficie posolić.
W międzyczasie wlej pomidory z puszki i ich sok do miski i zmiażdż je ręcznie - uważając, aby nie pękły i nie eksplodowały sokiem - aż uzyskasz szorstką, grudkowatą konsystencję bez dużych kawałków. (Jeśli nie chcesz miażdżyć pomidorów ręcznie, możesz je posiekać na desce do krojenia, ale spróbuj zmiażdżyć je ręcznie! To proste.)
Na dużej patelni rozgrzej oliwę z oliwek na średnim ogniu, aż zacznie błyszczeć. Dodaj czosnek i szczyptę soli i smaż, aż czosnek zacznie lekko brązowieć na brzegach. Dodaj zmiażdżoną czerwoną paprykę, oregano i bazylię: jeśli używasz suszonej bazylii, dodaj ją w całości,

jeśli używasz świeżej, dodaj 2 lub 3 liście (reszta zostanie dodana na końcu). Opraż zioła przez około 30 sekund. Dodaj pomidory i wszystkie ich soki, uważając, aby nie rozpryskiwały się. Dopraw pomidory solą i pieprzem, wymieszaj i dodaj natkę pietruszki (jeśli używasz). Doprowadź do delikatnego wrzenia i kontynuuj gotowanie na małym ogniu, od czasu do czasu mieszając, podczas gdy gotujesz makaron.

Ugotuj makaron: Dodaj makaron do wrzącej wody i gotuj przez około 1 minutę w stosunku do wskazówek na opakowaniu. Zachowując trochę wody z gotowania makaronu, odcedź makaron i dodaj go do patelni z sosem. Gotuj krótko, dodając masło (jeśli używasz) i odrobinę zarezerwowanej wody z makaronu.

Podawaj z tartym Parmigiano, odrobiną oliwy z oliwek i grubo porwanymi listkami świeżej bazylii.

46. Makaron z Indyka

1 średnia marchewka, grubo posiekana

1 łodyga selera, grubo posiekana

½ szklanki luźno upakowanej świeżej pietruszki o płaskich liściach

1 mała cebula lub ½ średniej cebuli, grubo posiekana

3 ząbki czosnku, obrane

3 łyżki oliwy z oliwek

1 funt mielonego indyka

½ łyżeczki suszonego oregano

⅛ łyżeczki mielonej czerwonej papryki lub więcej do smaku

½ szklanki wytrawnego białego wina

2 (28 uncji) puszki całych obranych pomidorów

Sól i świeżo mielony czarny pieprz

Makaron i porcja

Sól

12 uncji suszonego makaronu

Połowa sosu do makaronu z indyka

Kilka listków świeżej bazylii (opcjonalnie), z grubsza porwanych

Świeżo mielony czarny pieprz

Świeżo starty parmezan lub ser pecorino

Oliwa z oliwek z pierwszego tłoczenia

Wyposażenie Robot kuchenny (lub chęć bardzo drobno siekać ręcznie), duża patelnia lub piekarnik holenderski (wystarczająco duży, aby zmieścił się zarówno sos, jak i ugotowany makaron) z pokrywką, duży garnek do gotowania makaronu i durszlak

W robocie kuchennym połącz marchewkę, seler, pietruszkę, cebulę i czosnek i mieszaj, aż uzyskasz dobrze połączoną pastę z odrobiną szorstkiej konsystencji – będzie dość mokra od cebuli. (Lidia Bastianich nazywa to pestatą.) Jeśli nie masz robota kuchennego lub nie chcesz go używać, możesz po prostu posiekać wszystkie te składniki tak drobno, jak to możliwe.

Na dużej patelni lub w holenderskim piekarniku podgrzej 2 łyżki oliwy z oliwek na średnim ogniu. Dodaj całą pestatę i mieszaj regularnie, aż większość płynu odparuje, około 5 minut.

Tymczasem w średniej misce połącz indyka, oregano, zmiażdżoną czerwoną paprykę i białe wino i zamieszaj, aby połączyć (używam rąk, a potem oczywiście je myję). Indyk wchłonie białe wino i stanie się bardzo luźny i miękki.

Przenieś pomidory z puszki do dużej miski, włączając wszystkie soki. Zmiażdż je ręcznie, aż uzyskasz szorstką, rustykalną teksturę, uważając, aby nie wylać soku pomidorowego na blat i koszulę.

Gdy pestata będzie sucha, dodaj mieszankę z indyka do garnka i wymieszaj wszystko, aby się połączyło. Dodaj pozostałą 1 łyżkę oliwy z oliwek i dopraw obficie solą i czarnym pieprzem. Często mieszaj, nie martwiąc się wcale o brązowienie indyka, aż indyk się ugotuje, a białe wino odparuje, od 8 do 10 minut.

W międzyczasie w dużym garnku zagotować wodę na makaron.

Gdy indyk będzie już ugotowany, dodaj pokrojone pomidory. Lubię używać gumowej szpatułki lub dłoni do zeskrobywania całego soku, który przylgnął do ścianek miski. Sos mieszamy do połączenia i lekko doprawiamy solą i pieprzem. Doprowadź sos do wrzenia, a następnie gotuj dalej, częściowo przykryty, przez około 10 minut (mniej więcej tyle, ile potrzeba do ugotowania makaronu).

Ugotować makaron: W dużym garnku zagotować wodę. Posolić wrzącą wodę i spróbować – powinna być posolona jak dobrze przyprawiony bulion. Dodaj makaron i gotuj go przez około 1 minutę w stosunku do wskazówek na opakowaniu. W międzyczasie przenieś połowę sosu do hermetycznego pojemnika (lub dwóch półlitrowych delikatesów) i pozwól mu osiągnąć temperaturę pokojową przed włożeniem go do lodówki lub zamrażarki.

Odcedź makaron i przełóż do garnka z sosem. Zwiększyć ciepło do średnio-wysokiego, ciągle mieszając. Dodaj kilka listków świeżej bazylii i kontynuuj gotowanie makaronu, aż sos całkowicie się połączy i będzie ledwie luźny. Spróbuj doprawić i w razie potrzeby dodaj więcej soli i pieprzu.

Aby podać, nalej chochlą do misek, posyp parmezanem i skrop oliwą z oliwek z pierwszego tłoczenia.

Podobnie jak w przypadku wszystkich dań z makaronem (lub zup) na bulionie w tej książce, po prostu ugotuj taką ilość makaronu, jaką chcesz od razu zjeść. Zachowaj resztę sosu lub bulionu na resztki ze świeżo ugotowanego makaronu. W przeciwnym razie makaron wchłonie cały płyn i będziesz miał rozgotowany makaron i za mało bulionu.

47. Makaron Brokułowy

Służy od 3 do 5

Sól
¼ szklanki oliwy z oliwek
6 ząbków czosnku, posiekanych
½ łyżeczki suszonego oregano
⅛ łyżeczki mielonej czerwonej papryki lub do smaku
Około 6 filiżanek dobrze posiekanych różyczek brokułów (z 3 średnich lub 2 dużych łodyg – zachowaj łodygi na Veggie Scrap Frittata, ta strona lub Veggie Scrap Fried Rice, ta strona)
Świeżo mielony czarny pieprz
Makaron i porcja
1 funt suszonego makaronu
½ szklanki pokrojonych świeżych liści bazylii (opcjonalnie)
Świeżo starty parmezan lub ser pecorino (lub pomiń, aby zrobić to wegańskie)
Oliwa z oliwek z pierwszego tłoczenia
Wyposażenie Garnek wystarczająco duży do gotowania makaronu, duża patelnia lub piekarnik holenderski (wystarczająco duży, aby zmieścił się zarówno sos, jak i ugotowany makaron) z pokrywką i durszlak

Doprowadź duży garnek do wrzenia wody na makaron i dodaj umiarkowaną ilość soli (będziesz używał sporej ilości wody z gotowania makaronu w sosie i nie chcesz przesolić ostatniego dania).
Na dużej patelni lub w holenderskim piekarniku rozgrzej oliwę z oliwek na średnim ogniu, aż zacznie błyszczeć. Dodać czosnek i wymieszać. Dopraw czosnek lekko solą i pozwól mu lekko zbrązowić wokół krawędzi, około 2 minut. Dodaj oregano i zmiażdżoną czerwoną paprykę i opiekaj je przez około 30 sekund.
Wrzuć brokuły na patelnię, dopraw szczyptą soli i odrobiną świeżo zmielonego czarnego pieprzu i wymieszaj wszystko razem, aby się połączyło. Gdy patelnia wydaje się sucha, zgarnij około ¼ szklanki wody z makaronu i wlej na patelnię. Przykryj ciasno dopasowaną

pokrywką, zmniejsz ogień do średnio-niskiego i gotuj przez 5 minut, aby brokuły zwiędły i ugotowały się na parze. Odkryj i zwiększ ciepło do średnio-wysokiego.

Ugotuj makaron: Dodaj makaron do wrzącej wody i gotuj do 1 minuty w stosunku do wskazówek na opakowaniu. Gdy makaron się gotuje, ilekroć patelnia z brokułami zacznie wysychać i brązowieć, dodaj chochlę wody z makaronu i od czasu do czasu mieszaj. Kontynuuj gotowanie i dolewaj wodę z makaronu w razie potrzeby, aż brokuły będą dość miękkie, jak pesto. Gdy osiągnie tę konsystencję, zmniejsz ciepło do niskiego poziomu i przestań dodawać więcej wody.

Gdy makaron będzie al dente, odcedź go i przełóż na patelnię, pamiętając o zachowaniu co najmniej 1 szklanki wody z makaronu. Ustaw ponownie patelnię na średnim ogniu i wymieszaj razem makaron i brokuły, dodając w razie potrzeby więcej chochli wody z makaronu, aż uzyskasz błyszczące, spójne danie z makaronem. Jeśli używasz listków bazylii, możesz je teraz wrzucić i jeszcze raz zamieszać makaron. Skosztuj makaronu do przyprawiania i dostosuj go według własnego uznania.

Podawaj natychmiast, posypane świeżo startym serem (jeśli używasz) i odrobiną oliwy z oliwek.

48. <u>Makaron Brokułowo-Kiełbasa</u>

Służy od 3 do 5

Sól
Cal-włoska kiełbasa wieprzowa lub 1 funt włoskiej słodkiej kiełbasy, usunięte osłonki
⅓ szklanki wytrawnego białego wina
2 łyżki oliwy z oliwek
4 ząbki czosnku, posiekane
½ łyżeczki suszonego oregano
⅛ łyżeczki mielonej czerwonej papryki lub do smaku
Około 6 filiżanek dobrze posiekanych różyczek brokułów (z 3 średnich lub 2 dużych łodyg – zachowaj łodygi na Veggie Scrap Frittata, ta strona lub Veggie Scrap Fried Rice, ta strona)
Świeżo mielony czarny pieprz
Makaron i porcja
Sól
1 funt suszonego makaronu
½ szklanki pokrojonych świeżych liści bazylii (opcjonalnie)
Świeżo starty parmezan lub ser pecorino (opcjonalnie, ale zalecane)
Oliwa z oliwek z pierwszego tłoczenia
Wyposażenie Duży garnek do gotowania makaronu, duża patelnia lub piekarnik holenderski (wystarczająco duży, aby zmieścił się zarówno sos, jak i ugotowany makaron) oraz durszlak

Doprowadź duży garnek wody do wrzenia. Obficie posolić (powinno smakować jak dobrze przyprawiony bulion).
Tymczasem w dużej misce połącz kiełbasę i białe wino, mieszając je razem, aż do całkowitego połączenia — kiełbasa dość szybko wchłonie całą wilgoć.
Na dużej patelni lub w holenderskim piekarniku rozgrzej oliwę z oliwek na średnim ogniu, aż zacznie błyszczeć. Dodaj kiełbasę, rozbijając ją drewnianą łyżką i smaż, aż zniknie surowy kolor, a wino odparuje, około 4 minuty.

Dodaj czosnek, oregano i zmiażdżoną czerwoną paprykę i wymieszaj, aby połączyć. Kontynuuj smażenie, aż płyn odparuje, a kiełbasa zacznie się rumienić na brzegach, około 8 minut.

Dodać brokuły i doprawić solą i pieprzem. Dobrze wymieszaj, a gdy zacznie skwierczeć, zmniejsz ogień do średniego. Kontynuuj gotowanie, aż brokuły będą dość miękkie, kolejne 8 minut. Jeśli patelnia jest zbyt sucha, dodaj odrobinę wody z garnka na makaron i w razie potrzeby zdeglazuruj patelnię.

Ugotuj makaron: Dodaj makaron do wrzącej wody i gotuj go przez około 1 minutę w stosunku do wskazówek na opakowaniu. Zachowując co najmniej 1 szklankę wody z makaronu, odcedź makaron i przenieś go na patelnię. Zwiększ ogień do średniego i wymieszaj razem makaron i brokuły, dodając w razie potrzeby chochle wody z makaronu, aż uzyskasz błyszczące, spójne danie z makaronem. Jeśli używasz listków bazylii, możesz je teraz wrzucić i jeszcze raz zamieszać makaron. Skosztuj makaronu do przyprawiania i dostosuj go według własnego uznania.

Podawaj natychmiast, posypane świeżo startym serem (jeśli używasz) i oliwą z oliwek.

49. Makaron Brokułowo-Anchois

Służy od 3 do 5

Sól
3 łyżki oliwy z oliwek
4 ząbki czosnku, posiekane
4 filety anchois w oleju
½ łyżeczki suszonego oregano
⅛ łyżeczki mielonej czerwonej papryki lub do smaku
1 łyżeczka sosu sojowego
Około 6 filiżanek dobrze posiekanych różyczek brokułów (z 3
średnich lub 2 dużych łodyg – zachowaj łodygi na Veggie Scrap
Frittata, ta strona lub Veggie Scrap Fried Rice, ta strona)
Świeżo mielony czarny pieprz
¼ szklanki wytrawnego białego wina
Makaron i porcja
1 funt suszonego makaronu
Sól i świeżo mielony czarny pieprz
Oliwa z oliwek z pierwszego tłoczenia
Wyposażenie Garnek wystarczająco duży do gotowania makaronu,
duża patelnia lub piekarnik holenderski (wystarczająco duży, aby
zmieścił się zarówno sos, jak i ugotowany makaron) oraz durszlak

Doprowadź duży garnek wody do wrzenia. Posolić obficie (powinno smakować jak dobrze przyprawiony bulion).

Na dużej patelni lub w holenderskim piekarniku rozgrzej oliwę z oliwek na średnim ogniu, aż zacznie błyszczeć. Dodaj czosnek i anchois i smaż je, często mieszając, przez 2 minuty. Dodaj oregano, zmiażdżoną czerwoną paprykę i sos sojowy i pozwól im się opiekać przez około 30 sekund. Dodać brokuły i doprawić solą i pieprzem, mieszając od czasu do czasu. Gdy zacznie skwierczeć, a brokuły wchłoną całą wilgoć, dodaj białe wino i zdeglasuj patelnię, zeskrobując przypalone kawałki z dna patelni. Gdy wino w większości odparuje, zmniejsz ogień do średniego i kontynuuj mieszanie od czasu do czasu. Jeśli patelnia stanie się zbyt sucha, w razie potrzeby dodaj odrobinę wrzącej wody z makaronu.

Ugotuj makaron: Gdy brokuły będą miękkie, ale nie całkiem miękkie, dodaj makaron do wrzącej wody i gotuj, aż będzie al dente, około 1 minuty przed końcem, w którym chcesz go ugotować. Zachowując co najmniej 1 szklankę wody z makaronu, odcedź makaron i przenieś go na patelnię. Zwiększ ogień do średniego i wymieszaj razem makaron i brokuły, dodając w razie potrzeby chochle wody z makaronu, aż uzyskasz błyszczące, spójne danie z makaronem. Spróbuj makaronu do przyprawiania i dodaj sól w razie potrzeby.

Podawaj natychmiast, posypane dużą ilością świeżo zmielonego czarnego pieprzu i oliwy z oliwek.

50.   Makaron Z Rozmarynowo-Bekonowym Sosem Pomidorowym

Służy od 3 do 5

Sól
2 plastry bekonu, pokrojone w ¼-calowe plastry
2 łyżeczki oliwy z oliwek
1 średnia cebula, pokrojona w kostkę (w tym daniu wolę czerwoną cebulę)
2 ząbki czosnku, posiekane
Świeżo mielony czarny pieprz
Szczypta mielonej czerwonej papryki
3 gałązki świeżego rozmarynu
½ szklanki wytrawnego białego wina
1 (28 uncji) puszka całych obranych pomidorów, zmiażdżonych ręcznie
Makaron i porcja
1 funt suszonego makaronu (naprawdę lubię ten z fusilli lub rigatoni, ale każdy się nada)
Świeżo starty parmezan, pecorino lub podobny ostry, dojrzały ser
Oliwa z oliwek z pierwszego tłoczenia
Wyposażenie Garnek wystarczająco duży do gotowania makaronu, duża patelnia lub piekarnik holenderski oraz durszlak

Zagotuj wodę w garnku i dopraw ją jak dobrze osolony bulion.
Ustaw dużą patelnię lub holenderski piekarnik na średnim ogniu. Dodaj bekon i pozwól, aby zaczął się renderować, mieszając od czasu do czasu, aż będzie mniej więcej w połowie ugotowany, od 6 do 9 minut.
Zwiększ ogień do średniego i dodaj olej, cebulę i czosnek i wymieszaj. Dopraw solą i czarnym pieprzem. Kontynuuj smażenie, aż cebula, czosnek i boczek będą rumiane na brzegach, około 5 minut dłużej.
Dodaj zmiażdżoną czerwoną paprykę i gałązki rozmarynu i wymieszaj. Tostuj przez 30 sekund, a następnie dodaj białe wino i zeskrob dno patelni, aby usunąć glazurę zbrązowiałych kawałków. Gotować na wolnym ogniu, aż płyn w większości odparuje.

Dodać pomidory, doprawić solą i pieprzem, wymieszać. Gdy zacznie bulgotać, zmniejsz ogień do wrzenia i kontynuuj gotowanie pod przykryciem przez około 10 minut.

Ugotuj makaron: W międzyczasie dodaj makaron do wrzącej wody i gotuj przez około 1 minutę w stosunku do wskazówek na opakowaniu.

Zachowując około filiżanki wody z makaronu, odcedź makaron i przenieś go na patelnię z sosem. Zwiększ ogień do stałego wrzenia i ciągle mieszaj, dodając w razie potrzeby odrobinę wody z makaronu, aby uzyskać sos, który całkowicie pokryje makaron, nie będąc zupą ani nadmiernie suchym, od 1 do 2 minut. Dopraw do smaku i dostosuj.

Podawaj od razu w miseczkach, posypane serem i skropione oliwą z oliwek.

51. Makaron Z Sosem Rozmarynowo-Pieczarkowym

Służy od 3 do 5

½ uncji suszonych grzybów
Sól
1 łyżka plus 1 łyżeczka oliwy z oliwek
1 średnia cebula, pokrojona w kostkę (w tym daniu wolę czerwoną cebulę)
2 ząbki czosnku, posiekane
Szczypta mielonej czerwonej papryki
3 gałązki świeżego rozmarynu
½ szklanki wytrawnego białego wina
1 (28 uncji) puszka całych obranych pomidorów, zmiażdżonych ręcznie
Świeżo mielony czarny pieprz
Makaron i porcja
1 funt suszonego makaronu
Świeżo starty parmezan, pecorino lub podobny ostry, dojrzały ser
Oliwa z oliwek z pierwszego tłoczenia
Wyposażenie Garnek wystarczająco duży do gotowania makaronu, patelnia lub piekarnik holenderski (wystarczająco duży, aby zmieścił się zarówno sos, jak i ugotowany makaron) oraz durszlak

Umieść suszone grzyby w małej misce i zalej ½ szklanki ciepłej wody. Pozwól grzybom namoczyć, aż całkowicie zmiękną, około 30 minut. Zachowując wodę z moczenia, wydrąż grzyby, przełóż je na deskę do krojenia i drobno posiekaj.

W dużym garnku zagotować wodę na makaron. Obficie posolić wodę.

Na dużej patelni lub w holenderskim piekarniku rozgrzej olej na średnim ogniu. Dodaj cebulę, czosnek i szczyptę soli. Smaż, mieszając od czasu do czasu, aż allium zwiędnie, około 2 minut. Zwiększ ogień do średniego, dodaj posiekane grzyby i smaż, mieszając od czasu do czasu, aż cebula lekko zbrązowieje na brzegach, od 5 do 7 minut.

Dodaj zmiażdżoną czerwoną paprykę i gałązki rozmarynu, wymieszaj i opiekaj przez 30 sekund. Dodać białe wino i zarezerwowany płyn do moczenia grzybów (pozostawiając osad na dnie miski) i zeskrobać dno patelni drewnianą łyżką, aby usunąć glazurę. Gotować na wolnym ogniu, aż płyn w większości odparuje. Dodać pomidory, doprawić solą i pieprzem, wymieszać. Gdy zacznie bulgotać, zmniejsz ogień do wrzenia i kontynuuj gotowanie pod przykryciem przez około 10 minut.

Ugotuj makaron: W międzyczasie dodaj makaron do wrzącej wody i gotuj przez około 1 minutę w stosunku do wskazówek na opakowaniu.

Zachowując około 1 szklanki wody z makaronu, odcedź makaron i przenieś go na patelnię z sosem. Zwiększ ogień do stałego wrzenia i ciągle mieszaj, dodając w razie potrzeby odrobinę wody z makaronu, aby uzyskać sos, który całkowicie pokryje makaron, nie będąc zupą ani nadmiernie suchym, od 1 do 2 minut. Dopraw do smaku i dostosuj.

Podawaj od razu w miseczkach, posypane serem i skropione oliwą z oliwek.

52. Makaron z Maślanym Sosem Maślanym Shoyu

Służy 2 lub 3

Sól
1 łyżka oliwy z oliwek
1 łyżka niesolonego masła
½ szklanki mielonej cebuli
3 ząbki czosnku, pokrojone w plasterki
1½ łyżki sosu sojowego
2 (6,5 uncji) puszki posiekanych małży w soku z małży
1 łyżeczka startej skórki z cytryny
Świeżo mielony czarny pieprz
Makaron i porcja
12 uncji suszonego makaronu, takiego jak farfalle lub spaghetti
2 łyżki posiekanej świeżej pietruszki
Świeżo mielony czarny pieprz
Oliwa z oliwek z pierwszego tłoczenia
Odrobina soku z cytryny
Wyposażenie Garnek wystarczająco duży, aby ugotować makaron, sito i duża patelnia lub holenderski piekarnik (wystarczająco duży, aby pomieścić zarówno sos, jak i makaron)

W dużym garnku zagotować wodę na makaron. Lekko dopraw solą (sos sojowy i małże mają już dość soli, więc będziesz chciał być ostrożny).
Na dużej patelni lub w holenderskim piekarniku rozgrzej olej i masło na średnim ogniu, aż masło się roztopi. Dodaj cebulę, czosnek i sos sojowy i smaż delikatnie, aż cebula całkowicie zwiędnie, około 3 minut.
Ustaw sito nad miską - miska będzie tam, aby złapać sok z małży. Otwórz puszki z małżami i przelej je na sito, zachowując sok. (Jeśli małże są całe, pokrój je na małe kawałki.)
Dodaj skórkę z cytryny na patelnię i delikatnie wymieszaj. Dodaj posiekane małże i dopraw obficie czarnym pieprzem. Zmniejsz ogień do niskiego poziomu i mieszaj je od czasu do czasu.

Ugotować makaron: W tym czasie dodać makaron do wrzącej wody i wymieszać. Ustaw minutnik na około 2 minuty mniej niż zalecany czas gotowania.

Gdy zegar się wyłączy, dodaj sok z małży na patelnię z małżami i zwiększ ciepło do wysokiego. Zachowując trochę wody z makaronu (w razie potrzeby), natychmiast odcedź makaron i przełóż go na patelnię. Gotuj razem z mieszanką małży, ciągle mieszając, aż sok z małży zostanie wchłonięty przez makaron. Jeśli sok zostanie wchłonięty, a makaron nie jest ugotowany do pożądanej konsystencji, dodaj trochę wody z makaronu i gotuj jeszcze przez minutę lub dwie. Dodaj pietruszkę i więcej czarnego pieprzu i wymieszaj.

Aby podać, przenieś go do misek i natychmiast zjedz, skropiony oliwą z oliwek i wyciśniętą cytryną.

53.   Pijany makaron ze spiżarni późno w nocy

Służy 1

6 uncji suszonego makaronu
Sól
1½ łyżki niesolonego masła
1½ łyżki sosu sojowego
Suszone przyprawy do wyboru, takie jak świeżo zmielony czarny pieprz, kilka koktajli shichimi, mielony pieprz sanshō lub nic
Parmigiano-Reggiano lub wybrany ostry ser dojrzewający (opcjonalnie) do podania
Lekko wyciśnięty sok z cytryny (opcjonalnie, ale miło)
Wyposażenie Średni garnek lub rondelek, sitko i kubek

Napełnij garnek taką ilością wody, aby przykryła makaron na około cal. Doprowadzić do wrzenia ze szczyptą soli (jeśli jesteś wrażliwy na sól, możesz zostawić sól i dostosować później w razie potrzeby, ze względu na sos sojowy w tym przepisie).
Dodaj makaron i mieszaj od czasu do czasu, aż makaron będzie al dente, czyli około 30 sekund przed pożądanym stopniem wysmażenia. Zachowując kubek wody ze skrobiowego makaronu, odcedź makaron i umieść go z powrotem w garnku.
Dodaj około ½ szklanki wody z makaronu do garnka i ponownie postaw na średnim ogniu. Dodaj masło, sos sojowy i wybrane przyprawy, ciągle mieszając, aż masło zemulguje się z sosem sojowym i zgęstnieje. Powinieneś skończyć z błyszczącym garnkiem powlekanego makaronu.
Posyp serem lub wyciśnij sok z cytryny, jeśli chcesz. Spróbuj go doprawić i dostosuj w razie potrzeby, a następnie natychmiast zjedz, uważając, aby nie poparzyć ust.

54.   Makaron Fazool

Serwuje około 3

2 (28 uncji) puszki całych obranych pomidorów
2 łyżki oliwy z oliwek
3 ząbki czosnku, pokrojone w plasterki
1 główka escarole lub szpinaku, umyta i z grubsza posiekana lub 1 (8-uncjowa) torebka szpinaku baby (można pominąć warzywa, w szczypcie)
Sól i świeżo mielony czarny pieprz
1¾ szklanki domowej roboty ugotowanej fasoli z płynem do gotowania lub 1 (15 uncji) fasoli z puszki (cannellini lub dowolna biała fasola działa świetnie), nieodsączona
1 łyżeczka suszonego oregano
12 uncji (lub tyle, ile zamierzasz zjeść za jednym posiedzeniem) średnio suszonego makaronu do zupy - moje ulubione orecchiette lub średnie muszle
1½ szklanki luźno upakowanych świeżych liści bazylii (opcjonalnie), z grubsza porwanych
Świeżo starty parmezan do podania
Oliwa z oliwek z pierwszego tłoczenia, do podania
Wyposażenie Garnek wystarczająco duży do gotowania makaronu oraz piekarnik holenderski lub garnek z grubym dnem do zupy z pokrywką

W dużym garnku zagotować wodę na makaron.
W międzyczasie wlej pomidory z puszki i sok z nich do dużej miski. Często używam gumowej szpatułki, aby wydobyć wszystkie soki z puszki. Zmiażdż pomidory swoimi (czystymi!) rękami, uważając za każdym razem, gdy pęknie cały pomidor, ponieważ sok naprawdę chce się wytrysnąć na całą kuchnię i koszulę. Usuń szczególnie twarde kawałki łodygi lub kawałki skóry i wyrzuć. Twoje pomidory powinny mieć grubą, zbitą konsystencję.
W holenderskim piekarniku rozgrzej oliwę z oliwek na średnim ogniu, aż zacznie błyszczeć. Dodaj czosnek i smaż, aż zacznie się rumienić na brzegach, od 1 do 2 minut. Zwiększ ciepło do średnio-

wysokiego. Jeśli używasz warzyw, dodaj je teraz (lub przejdź od razu do dodania fasoli), dopraw lekko solą i pieprzem i gotuj, aż całkowicie zwiędną. Dodaj fasolę (wraz z sokiem), oregano, trochę soli i pieprzu i gotuj na wolnym ogniu, często mieszając, aż płyn ładnie zgęstnieje i zredukuje się o około połowę.

Dodaj zmiażdżone pomidory, zeskrobując jak najwięcej soku ze ścianek miski. Wymieszaj pomidory, a następnie dopraw je większą ilością soli i pieprzu. Kontynuuj gotowanie na średnim ogniu, aż wszystko się zagotuje, a następnie przykryj i zmniejsz ogień do delikatnego wrzenia podczas gotowania makaronu.

Do tej pory woda powinna się zagotować. Dopraw solą, aż będzie smakować jak ładnie przyprawiony bulion, następnie dodaj makaron i gotuj, aż będzie al dente, zgodnie z instrukcją na opakowaniu.

Jeśli podajesz cały fazool na raz Odcedź makaron, a następnie dodaj go do garnka z pomidorami i fasolą. Wrzuć połowę świeżej bazylii i zamieszaj, pozwalając, aby wszystko razem krótko się gotowało i połączyło. Posmakuj do smaku i dostosuj według uznania. Wlej chochlą do trzech misek na zupę i posyp parmezanem, oliwą z oliwek i świeżą bazylią. Zjedz natychmiast łyżką do zupy.

Jedząc tylko część fazoolu Odcedź makaron i włóż go z powrotem do garnka, w którym go gotowałeś. Postaw go ponownie na kuchence na średnim ogniu i wlej taką ilość bulionu pomidorowo-fasolowego, aby uzyskać zbilansowaną zupę. Wrzuć trochę świeżej bazylii i zamieszaj, pozwalając, aby wszystko razem krótko się gotowało i połączyło. Spróbuj przyprawić i dostosuj według uznania, a następnie wlej chochlą do misek na zupę i posyp parmezanem, oliwą z oliwek i świeżą bazylią. Zjedz natychmiast łyżką do zupy.

Pozostałości fazoolu pozostaw do ostygnięcia, a następnie przykryj i przechowuj w lodówce do 1 tygodnia.

55. Ciepły letni model Fazool

Służy od 5 do 7

6 ząbków czosnku, cienko pokrojonych
½ szklanki oliwy z oliwek extra virgin
2 gałązki bazylii, liście zerwane z łodygi, łodygi i liście trzymane osobno
4 funty (lub nieco więcej) dojrzałych pomidorów
Sól (to właściwie dobre miejsce na użycie fantazyjnej soli, jeśli naprawdę chcesz)
1 funt małych suszonych kształtów makaronu, takich jak tubetti, ditalini lub małe muszle
3½ szklanki ugotowanej białej fasoli lub 2 (15-uncjowe) puszki białej fasoli, odsączone
Świeżo mielony czarny pieprz
Świeżo starty ser Parmigiano-Reggiano (opcjonalnie)
Wyposażenie Mały rondel (lub jakikolwiek porządny, byle niezbyt szeroki), sitko, duży garnek do blanszowania pomidorów i gotowania makaronu oraz blender lub blender zanurzeniowy

Zacznij od zrobienia naparu z oleju. W małym rondlu połącz czosnek i olej. Plasterki czosnku powinny być na tyle cienkie, aby były całkowicie zanurzone w oleju. Jeśli nie są zanurzone, przesuwaj je, aż się pokryją, lub dodaj trochę więcej oleju. Dodaj łodygi bazylii (nie szkodzi, jeśli wystają), zginając je na pół, aby zmieściły się na patelni, jeśli to konieczne. Doprowadź olej do delikatnego bąbelkowania (na małym lub średnim ogniu, w zależności od kuchenki), kilka minut - jeśli czosnek pryska, zmniejsz ciepło. Gdy łodygi bazylii zaczną więdnąć, możesz wcisnąć je do oleju widelcem lub łyżką do gotowania. Kontynuuj gotowanie delikatnie na małym ogniu, aż czosnek będzie tak miękki, że można go rozprowadzić nożem do masła, około 25 minut.
Odrzuć łodygi bazylii. Na małej misce ustaw sito i wlej do niego czosnek i olej. (Zachowaj też plastry czosnku: są pyszne posypane na końcu makaronem lub po prostu rozsmarowane na tości lub w

kanapce.) Odłóż olej na bok. Ten krok można wykonać kilka godzin lub nawet dni wcześniej.

Następnie zagotuj duży garnek wody. Powinno być wystarczająco duże, aby zblanszować wszystkie pomidory bez stłoczenia (lub blanszować je partiami, jeśli nie masz wystarczająco dużego garnka). W międzyczasie nożem natnij mały „X" na spodzie każdego pomidora (ułatwi to uwolnienie skórki). Gdy woda się zagotuje, delikatnie zanurz każdy pomidor we wrzącej wodzie. Blanszuj przez 30 do 60 sekund lub do momentu, aż skórki zaczną mięknąć i odciągnąć wokół małego „X", które naciąłeś. Delikatnie wyjmij pomidory z wody i odłóż na talerz lub w misce. Możesz ponownie użyć tej wody i tego garnka do gotowania makaronu i podgrzewania fasoli.

Po ostygnięciu na tyle, aby można było się nim zająć, weź każdego pomidora i trzymaj go nad dużą miską, pozwalając sokom kapać do miski podczas przenoszenia. Palcami lub grzbietem noża zdejmij skórkę i wyrzuć ją (czasem najpierw wyciskam ze skóry ostatnie kawałki miąższu lub soku). Za pomocą małego noża wytnij twardy rdzeń pomidorów i wyrzuć. Zauważysz, że środek pomidora jest nadal zimny i dość surowy. Wrzuć gotowego pomidora do miski, a następnie powtórz z pozostałymi pomidorami.

Pomidory doprawiamy sporą szczyptą soli. Używając blendera zanurzeniowego bezpośrednio w misce (lub w blenderze stojącym partiami, jeśli to konieczne) zmiksuj pomidory, aż będą prawie całkowicie gładkie. Rozpoczęcie pracy z blenderem zanurzeniowym może chwilę potrwać, ale szybko powinny zacząć uwalniać dużo płynu.

Po wymieszaniu dopraw do smaku i dostosuj. Kontynuuj miksowanie i powoli wlewaj naparowany olej. Kontynuuj mieszanie, aż cały olej zostanie wlany. Skosztuj bulionu pomidorowego do przypraw i dostosuj w razie potrzeby. Do przepisu będziesz potrzebować łącznie 5 filiżanek bulionu pomidorowego; resztę schłodzić lub zamrozić.

Kiedy nadejdzie pora jedzenia, ponownie zagotuj wodę (lub rozpocznij gotowanie w nowym garnku). Doprawiamy solą (powinno smakować jak dobrze przyprawiony bulion). Dodaj makaron do wody i gotuj przez około 3 minuty w stosunku do wskazówek na opakowaniu. Dodaj odsączoną fasolę do wody i wymieszaj. Kontynuuj gotowanie, aż makaron będzie al dente, a następnie całkowicie odcedź.

Przełóż gorący makaron i fasolę do dużej miski. Liście bazylii z grubsza porwać i wymieszać z gorącym makaronem, pozwalając im zwiędnąć. Wymieszaj bulion pomidorowy, a następnie dodaj 4 szklanki bulionu pomidorowego do makaronu i wymieszaj.

Rozlej do miseczek. Zalej każdą miskę pozostałym bulionem pomidorowym. Wykończ czarnym pieprzem i serem (i konfiturowanymi plasterkami czosnku, jeśli je trzymałeś). Zjedz natychmiast.

56. Pesto z zielonych warzyw

Wychodzi około 3½ filiżanki

Sól

8 uncji zielonych warzyw, takich jak różyczki brokułów, zielony groszek (łuskany świeży lub mrożony), fasola fava, grubo posiekany jarmuż, cały groszek i tym podobne (2½ do 3 filiżanek)

¼ szklanki surowych migdałów (1¼ uncji), prażone do uzyskania aromatu

3 ząbki czosnku, obrane

1 uncja parmezanu lub dowolnego ostrego sera, który lubisz, świeżo startego (około ½ szklanki)

3 łyżki świeżego soku z cytryny i więcej do smaku

¼ szklanki z grubsza porwanych świeżych liści bazylii

3 łyżki oliwy z oliwek extra vergine

Świeżo mielony czarny pieprz

Wyposażenie Duży garnek do blanszowania warzyw, sito oraz robot kuchenny lub blender (z ubijakiem)

Zagotuj duży garnek wody i dobrze ją posol.

W międzyczasie napełnij dużą miskę lodowatą wodą – to zaszokuje warzywa po ich ugotowaniu, zachowując ich jasnozielony kolor i zatrzymanie procesu gotowania.

Wrzuć warzywa do wrzącej wody i blanszuj, aż będą ledwie ugotowane, ale wciąż chrupiące, około 90 sekund. Natychmiast odcedź, a następnie zanurz je w łaźni lodowej, aby ostygły, mieszając je trochę, aby rozprowadzić je w wodzie. Po całkowitym schłodzeniu odcedź ponownie, odrzucając lód. Pozostaw je na sicie na kilka minut, aby odsączyły nadmiar wody (nie chcesz, aby pesto rozcieńczyło).

W międzyczasie w robocie kuchennym lub blenderze połącz migdały z czosnkiem i zmiksuj na gruboziarnistą konsystencję podobną do bułki tartej. Dodaj blanszowane warzywa, starty ser, sok z cytryny, bazylię, oliwę z oliwek i kilka szczypt czarnego pieprzu. Pulsuj, w razie potrzeby zeskrobując boki miski, aż uzyskasz pesto o grubej teksturze, które nie jest całkowicie gładkie. Doprawić do smaku solą i większą ilością soku z cytryny w razie potrzeby, a następnie przełożyć do pojemników.

57. Makaron Z Zielonym Pesto

Służy od 3 do 5

Sól
1 funt suszonego makaronu
Zaokrąglone ½ szklanki pesto z zielonych warzyw
2 łyżki oliwy z oliwek extra vergine
½ szklanki świeżo startego sera, takiego jak Parmigiano-Reggiano
Świeżo mielony czarny pieprz

Zagotuj duży garnek wody i dobrze ją posol. Dodać makaron i ugotować al dente zgodnie z instrukcją na opakowaniu. Zachowując około ½ szklanki wody z gotowania makaronu, odcedź makaron i przełóż do dużej miski. Wrzuć ugotowany makaron, pesto, 3 łyżki wody z makaronu, oliwę z oliwek i ser. Doprawiamy do smaku solą i pieprzem i od razu jemy.

58.   Pesto miso-szpinakowe

Wychodzi około 2 filiżanek

½ szklanki surowych migdałów (2½ uncji), prażone do uzyskania aromatu lub kupione w sklepie
3 ząbki czosnku, obrane
8 uncji liści szpinaku
3 łyżki świeżego soku z cytryny
3 łyżki białego miso
½ szklanki luźno upakowanych świeżych liści bazylii
1½ łyżeczki octu ryżowego
1 łyżeczka tamari
Kilka skrętów czarnego pieprzu
¼ łyżeczki mielonej czerwonej papryki
¼ szklanki oliwy z oliwek z pierwszego tłoczenia
Sól
Wyposażenie Robot kuchenny

W robocie kuchennym zmiel migdały i czosnek, aż uzyskasz bardzo grubo zmieloną mieszankę, w razie potrzeby zeskrobując boki robota kuchennego.
Dodaj szpinak, sok z cytryny, miso, bazylię, ocet, tamari, czarny pieprz i zmiażdżoną czerwoną paprykę i mieszaj, aż uzyskasz w większości rozbitą i zmiksowaną mieszankę. Przy włączonym urządzeniu skropić oliwą z oliwek i przetwarzać, aż pesto będzie jednolite i w większości gładkie, z niewielkimi kawałkami tekstury.
Dopraw do smaku solą i zużyj od razu lub przechowuj w szczelnie zamkniętym pojemniku w lodówce.

59. Makaron z pesto miso

Służy od 3 do 5

Sól
1 funt suszonego makaronu
Zaokrąglone ½ szklanki Miso-Szpinaku Pesto
2 łyżki oliwy z oliwek extra vergine
Świeżo mielony czarny pieprz

Zagotuj duży garnek wody i dobrze ją posol. Dodać makaron i ugotować al dente zgodnie z instrukcją na opakowaniu. Zachowując około ½ szklanki wody z gotowania makaronu, odcedź makaron i przełóż do dużej miski. Dodać pesto i oliwę z oliwek i wymieszać. Dopraw do smaku solą i czarnym pieprzem i od razu jedz.

60.   Miso Pesto Soba

Służy 1

90 gramów (3,2 uncji) suszonego makaronu soba
2 łyżki miso-pesto ze szpinaku
1 łyżeczka oliwy z oliwek extra vergine
Sól
Świeżo mielony czarny pieprz

W garnku z wrzącą wodą ugotować soba zgodnie z instrukcją na opakowaniu. Zachowując odrobinę wody z gotowania, odcedź soba i przełóż do miski. Dodać pesto, 2 łyżeczki wody z gotowania, oliwę z oliwek i wymieszać. Doprawiamy do smaku solą i pieprzem i od razu jemy.

61.   Soba sezamowa na zimno

Serwuje 2

¼ szklanki tahiny
3 łyżki oliwy z oliwek extra vergine
1 łyżka oleju chilijskiego lub oleju sezamowego
1 łyżka plus 1 łyżeczka tamari
1 łyżka plus 1 łyżeczka octu z czerwonego wina
1 łyżka plus 1 łyżeczka octu ryżowego
360 gramów (12,7 uncji) makaronu soba
Sól
1 angielski ogórek (około 11 uncji) lub 4 perskie (mini) ogórki, pokrojone w zapałki o długości około 2½ cala
2 szalotki, tylko ciemnozielone wierzchołki, pokrojone w plasterki
1 łyżka białego sezamu, świeżo uprażonego lub zakupionego już uprażonego
Wyposażenie Duży garnek na makaron i sito

W dużym garnku zagotować wodę na soba.
W międzyczasie w dużej misce do mieszania lub serwowania połącz tahini, oliwę z oliwek, olej chili, tamari, ocet z czerwonego wina i ocet ryżowy i mieszaj, aż się połączą. (Na początku będzie wyglądał na zepsuty, ale nawilży i stanie się gładki, gdy będzie siedział.)
Gdy woda się zagotuje, ugotuj makaron soba zgodnie z instrukcją na opakowaniu. Soba odsączamy na sicie i płuczemy pod zimną wodą. Kilkakrotnie potrząsnąć sitkiem, starając się odcisnąć z makaronu jak najwięcej wody, aby nie rozcieńczyć sosu.
Dodaj odsączony makaron do miski z dressingiem i mieszaj, aż dobrze się połączą. W razie potrzeby dopraw do smaku solą.
Następnie, w tej samej misce lub podzielone na mniejsze miski, udekoruj makaron soba ogórkami julienne, zieloną cebulką i sezamem. Zjedz natychmiast.
Resztki można przechowywać w lodówce przez około 5 dni.

62. Sałatka Z Makaronem Ryżowym Z Jarmużem I Edamame

Służy 1 lub 2

1 łyżka oleju sezamowego
2 łyżki tamari, plus więcej do smaku
1 łyżka octu ryżowego
1 ząbek czosnku, starty
½ łyżeczki startego świeżego imbiru
Odrzucić 12 liści jarmużu, nerwów i łodyg
8 uncji makaronu ryżowego
¼ szklanki mrożonego edamame w łupinach lub groszku
Sok z limonki, na koniec
1 łyżka białego sezamu, świeżo uprażonego lub zakupionego już uprażonego
¼ szklanki pokrojonych świeżych liści kolendry (opcjonalnie)
Wyposażenie Tarka (do imbiru i czosnku), duży garnek na makaron oraz durszlak
Doprowadź duży garnek wody do wrzenia — chcesz dać makaronowi ryżowemu dużo wody, bo inaczej staną się gumowate. W dużej misce wymieszaj olej sezamowy, tamari, ocet ryżowy, czosnek i imbir. Pokrój liście jarmużu w paski o szerokości około ½ cala.
Dodaj makaron ryżowy i edamame do wrzącej wody, często mieszając, aby zapobiec sklejaniu się makaronu. Gdy makaron będzie gryzący, delikatny i ugotowany zgodnie z twoimi upodobaniami, wymieszaj strzępy jarmużu. Gotuj jarmuż przez około 10 sekund, a następnie odcedź wszystko na durszlak. Opłucz makaron i warzywa pod zimną wodą, aż będą ciepłe, a następnie pozwól, aby jak najwięcej wody spłynęło.
Dodaj makaron i warzywa do miski i dokładnie wymieszaj, aby się połączyły. Dopraw sałatkę dodatkową ilością tamari i sokiem z limonki do smaku. (Jeśli chcesz podać później, nie dodawaj tamari i soku z limonki. Przykryj i przechowuj w lodówce, a kiedy będziesz gotowy do podania, dopraw do smaku tamari i limonką.)
Podawaj w dużej misce lub pojedynczych miseczkach, udekorowane prażonym sezamem i pokrojoną kolendrą.

ZUPY I GULASY

63. <u>Minestrone mamy</u>

Służy od 6 do 8

2 łyżki oliwy z oliwek
2 łyżki niesolonego masła
2 pory, tylko biała i jasnozielona część, umyte i pokrojone w kostkę
2 ząbki czosnku, grubo posiekane
Sól i świeżo mielony czarny pieprz
Około 1 funta ziemniaków, pokrojonych w średnią kostkę
3 średnie lub 2 duże marchewki, pokrojone w ¼-calowe plasterki
4 łodygi selera, pokrojone w ¼-calowe plastry
2 średnie żółte kabaczki, przekrojone wzdłuż na pół i pokrojone w poprzek na ¼-calowe półksiężyce
1 cukinia, przekrojona wzdłuż na pół i pokrojona w poprzek na ¼-calowe półksiężyce
8 uncji zielonej fasoli, końce przycięte, pokrojone na ½-calowe kawałki
1 funt mrożonego groszku (lub świeżego, jeśli go masz)
3½ szklanki ugotowanej fasoli z płynem do gotowania, domowej roboty lub 2 (15 uncji) puszek fasoli (jeśli używam fasoli z puszki, zwykle używam puszki cannellini i czerwonej nerki), nieodsączonej
2 szklanki bulionu z kurczaka
Skórka parmezanu
1 (28 uncji) puszka całych obranych pomidorów, zmiażdżonych ręcznie
Makaron i porcja
Sól
3 do 4 uncji suszonego makaronu na osobę, takiego jak orecchiette lub średnie muszle
Świeżo starty Parmigiano-Reggiano lub twardy ser do wyboru
Oliwa z oliwek z pierwszego tłoczenia
Z grubsza rozdarta świeża bazylia
Wyposażenie Garnek z grubym dnem (co najmniej 7 litrów) z pokrywką i garnek do gotowania makaronu

W garnku z grubym dnem rozgrzej oliwę z oliwek i masło na średnim ogniu (celem jest początkowo powolne budowanie smaku). Gdy masło się roztopi, dodaj pory i czosnek i pozwól im powoli się pocić. Dopraw je solą i pieprzem; mieszaj od czasu do czasu (i przyzwyczaj się do tego kroku, ponieważ będziesz to robić za każdym razem, gdy dodasz nowy składnik), aż zwiędną i zmiękną, około 4 minut.

Zauważ, jak cudownie pachnie kuchnia, a następnie dodaj ziemniaki, dopraw solą i pieprzem, wymieszaj, aby połączyć i gotuj, aż zaczną skwierczeć na patelni. Dodać marchewkę, doprawić i wymieszać. Do tego czasu patelnia zacznie się tłoczyć, więc możesz zwiększyć ciepło do średniego.

Powtórz te kroki, dodając każdy nowy składnik, przyprawiając, mieszając i pozwalając skwierczeć przed przejściem do następnego, dodając w tej kolejności: seler, żółtą dynię, cukinię, fasolkę szparagową i groszek. Powinno to wyglądać prawie tak, jakbyś robił nadzienie z warzywami.

Dodać fasolę wraz z płynem, doprawić i wymieszać. Wlej 2 szklanki wody i bulion z kurczaka. Zwiększ ogień do średniego i dodaj skórkę parmezanu, mieszając od czasu do czasu, aż mieszanina się zagotuje. Na koniec dodać pomidory i ich soki, doprawić (tak, znowu) solą i pieprzem i doprowadzić cały garnek do delikatnego wrzenia.

Zredukuj go do gołego wrzenia i przykryj garnek. Kontynuuj gotowanie minestrone, mieszając od czasu do czasu, aż zgęstnieje w obfity gulasz, około 3 godzin. Posmakuj przypraw i dostosuj według własnego uznania.

Ugotować makaron: W garnku zagotować wodę. Ładnie posolić wodę. Dodaj tyle makaronu, ile planujesz zjeść minestrone i gotuj al dente zgodnie z instrukcją na opakowaniu. Odcedź makaron i włóż z powrotem do garnka. Wlej wystarczającą ilość minestrone, aby przypominała zupę z makaronem i pozwól mieszance gotować się razem przez około 30 sekund.

Aby podać, wlej minestrone do misek i posyp każdą serem, oliwą z oliwek i bazylią. Zjedz natychmiast.

Pozostaw nadmiar minestrone (bez makaronu) do całkowitego ostygnięcia i przechowuj go w lodówce do 7 dni lub w zamrażarce przez kilka miesięcy.

64.   Wegańskie Minestrone z Miso Pesto

Serwuje od 4 do 6

2 łyżki oliwy z oliwek
1 ząbek czosnku, posiekany
¼ szklanki posiekanej białej cebuli
2 łodygi selera, pokrojone w kostkę
1 średnia marchewka, pokrojona w kostkę
Sól i świeżo mielony czarny pieprz
½ funta suszonej fasoli (wystarczy każda fasola, chociaż najczęściej używam białej fasoli, takiej jak cannellini lub Great Northern)
1½ szklanki pokrojonych w średnią kostkę delikatnych zielonych warzyw (lubię używać cukinii, zielonej fasoli i groszku)
1 szklanka miso-szpinaku Pesto lub do smaku w temperaturze pokojowej
Wyposażenie Garnek do zupy z grubym dnem z pokrywką lub piekarnik holenderski oraz patelnia lub patelnia sauté

W garnku z grubym dnem podgrzej 1 łyżkę oleju na średnim ogniu, aż zacznie błyszczeć. Dodaj czosnek, cebulę, seler i marchewkę. Dopraw solą i pieprzem i smaż, aż zwiędnie, około 3 minut.

Dodaj suszoną fasolę i dodaj wodę, aby przykryła około 3 cale. Doprowadź do wrzenia i dopraw solą, aby woda smakowała tak, jakby miała niewiele mniej soli niż dobry bulion. Przykryj garnek i gotuj na wolnym ogniu, aż fasola będzie w pełni ugotowana, obserwując poziom wody i utrzymując co najmniej pół cala wody nad fasolą. Szukasz gotowanej fasoli i bulionowej konsystencji, która nie jest gęsta jak gulasz. Może to zająć od 1 do 3 godzin, w zależności od fasoli. Gdy fasola będzie gotowa, zdejmij garnek z ognia.

Na patelni sauté rozgrzej pozostałą 1 łyżkę oleju na średnim ogniu. Dodać zielone warzywa i doprawić solą i pieprzem. Gotuj je, aż będą ledwo ugotowane i nadal będą miały trochę do ugryzienia, mieszając od czasu do czasu, około 2 minut.

Dodaj smażone warzywa do garnka z fasolą i wymieszaj wszystko razem, próbując doprawić i dostosować według potrzeb (pamiętając, że pesto zawiera sól).

Zupę rozlej do miseczek, posyp łyżką pesto. Zjedz natychmiast, mieszając pesto podczas jedzenia.

65.   Zupa miso

Serwuje 4

1 łyżka suszonego wakame
3½ szklanki wegańskiego dashi
¼ szklanki czerwonej pasty miso (lub dowolnego miso, które masz)
¾ szklanki lub tak cienko pokrojonych grzybów (guziki, shiitake lub cremini) lub całych grzybów bukowych
10 uncji tofu, idealnie jedwabiste, odsączone i pokrojone w kostki wielkości kęsa
Sól
1 szalotka, cienko pokrojona
Mielony pieprz sanshō, biały pieprz lub czarny pieprz (opcjonalnie)
Wyposażenie Rondel lub garnek do zupy i trzepaczka

Umieść wakame w średniej misce i dodaj zimną wodę, aby przykryła ją na około 1 cal. Odstaw do ponownego nawodnienia.

Tymczasem w średnim rondlu podgrzej dashi na średnim ogniu, aż będzie ciepłe. Umieść pastę miso w średniej misce (lub w dużej chochli do zupy) i dodaj 2 do 3 łyżek dashi. Ubij delikatnie, aż do całkowitego połączenia — to rozrzedzi miso i zapobiegnie zbrylaniu się w zupie — a następnie dodawaj po trochu do rondla, ciągle mieszając.

Doprowadź zupę do delikatnego wrzenia i dodaj grzyby i tofu, gotując na wolnym ogniu, aż grzyby się ugotują, a tofu całkowicie się rozgrzeje, około 2 minut. Odcedź wakame i dodaj do garnka.

Posmakuj zupę do doprawienia i w razie potrzeby dopraw solą. Wlej do miseczek, posyp każdą z odrobiną szalotki i posyp sanshō, białym lub czarnym pieprzem, jeśli używasz.

66. <u>Zupa Krewetkowa Ryż</u>

Serwuje 4

1 funt średnich krewetek, najlepiej w skorupkach
1 łyżka tamari
5 filiżanek bulionu z kurczaka
5 ząbków czosnku, rozgniecionych i obranych
1 mała cebula, grubo posiekana
2 papryczki chili Anaheim (lub inne łagodne zielone papryczki chilli), pozbawione nasion i grubo posiekane
1 szklanka z grubsza posiekanych świeżych liści kolendry, plus więcej do dekoracji
1 łodyga selera, grubo posiekana
1 marchewka, grubo posiekana
1 litr pomidorów koktajlowych lub winogronowych
2 łyżki oliwy z oliwek
1 szklanka białego ryżu długoziarnistego
1 łyżeczka czosnku w proszku
1 łyżeczka suszonego oregano
1 łyżeczka papryki, najlepiej wędzonej
½ łyżeczki mielonej kolendry
½ łyżeczki mielonego kminku
½ łyżeczki mielonej kurkumy
Sól
Kawałki limonki, do serwowania
Wyposażenie Średni garnek, robot kuchenny lub mocny blender z ubijakiem (jak Vitamix), piekarnik holenderski lub ciężki garnek z pokrywką i sitkiem

Jeśli krewetki są w skorupkach, usuń skorupy i ogony i odłóż na bok. Umieść krewetki w średniej misce i dodaj tamari. Wymieszaj i pozostaw do marynowania w lodówce, aż będzie potrzebny.
Umieść zarezerwowane skorupy i ogony krewetek w średnim garnku wraz z bulionem z kurczaka, przykryj i gotuj na wolnym ogniu. Utrzymuj ciepło podczas przygotowywania pozostałych składników.

W robocie kuchennym lub blenderze połącz czosnek, cebulę, chili, kolendrę, seler, marchewkę i pomidory. Mieszaj je, aż uzyskasz z grubsza teksturowaną pastę – prawdopodobnie będzie dość wodnista.

W holenderskim piekarniku rozgrzej oliwę z oliwek na średnim ogniu, aż zacznie błyszczeć. Dodaj ryż, proszek czosnkowy, oregano, paprykę, kolendrę, kminek i kurkumę i często mieszaj, pozwalając ryżowi się upiec, a przyprawy nabiorą aromatu. Dopraw solą i pozwól ryżowi podpiekać się przez około 90 sekund. Dodaj zmiksowaną mieszankę warzywną i gotuj na wolnym ogniu, a następnie kontynuuj gotowanie, często mieszając, aż spora ilość wilgoci wyparuje, około 4 minut.

Przytrzymaj sito nad holenderskim piekarnikiem i wlej lub chochlą bulion z kurczaka, pozwalając situ złapać ogony i skorupy krewetek. Odrzuć ogony i muszle.

Doprowadź wszystko z powrotem do wrzenia, a następnie przykryj i zmniejsz ogień do niskiego. Kontynuuj gotowanie, aż ryż się ugotuje, około 15 minut. Jeśli mieszanina zgęstnieje do tego stopnia, że nie może się już rozlewać, jak zupa, dodaj trochę wody i ponownie gotuj na wolnym ogniu. Spróbuj go do przyprawiania i w razie potrzeby dodaj więcej soli.

Dodać krewetki i wymieszać do połączenia. Przykryj garnek i gotuj na wolnym ogniu, aż krewetki będą ledwie ugotowane, około 3 minuty dłużej.

Podawaj natychmiast, udekorowane listkami kolendry i kawałkiem limonki.

67.   Ledwo Wołowina Chili

Służy od 6 do 8

2 łyżki oliwy z oliwek
1 łyżka niesolonego masła
1 szklanka pokrojonej w kostkę białej cebuli (lub dowolnej cebuli)
3 ząbki czosnku, drobno posiekane
1 papryczka serrano, pokrojona w kostkę (możesz zastąpić dowolną papryczkę chilli, usuwając nasiona i żeberka, jeśli chcesz, aby była mniej ostra)
Sól i świeżo mielony czarny pieprz
1 cukinia, pokrojona w kostkę
1 żółta dynia, pokrojona w kostkę
1 pęczek jarmużu (około 12 liści), odrzucić łodygi i nerwy, a liście posiekać
1 funt mielonej wołowiny (każdy procent tłuszczu będzie w porządku)
3 łyżki chili w proszku (uważaj na listę składników, aby zobaczyć, czy zawiera sól, a jeśli tak, użyj mniej soli w pozostałej części gotowania)
1 łyżeczka mielonego kminku
1 łyżeczka czosnku w proszku
1 szklanka czerwonej soczewicy, opłukanej
1¾ szklanki ugotowanej fasoli z płynem do gotowania (wolę czerwoną nerkę, ale każda się nada), domowej roboty lub 1 (15 uncji) fasoli z puszki, nieodsączonej
4 szklanki bulionu z kurczaka
1 (28 uncji) puszka całych obranych pomidorów, zmiażdżonych ręcznie
Opcje polewy
Pokrojona w kostkę biała cebula
Pokrojone łodygi kolendry
Kwaśna śmietana
Tarty ostry ser cheddar
Jogurt
Odrobina soku z limonki
Wyposażenie Piekarnik holenderski lub garnek z grubym dnem

W holenderskim piekarniku rozgrzej olej i masło na średnim ogniu, aż masło się rozpuści. Dodaj cebulę, czosnek i świeże chili. Dopraw solą i czarnym pieprzem i mieszaj od czasu do czasu, aż cebula zwiędnie, około 3 minut.

Dodać cukinię i żółtą dynię, doprawić solą i wymieszać. Gdy garnek znów się zagotuje, dodaj jarmuż, dopraw solą i zamieszaj. Gdy jarmuż trochę zwiędnie, dodaj mieloną wołowinę, chili w proszku, kminek i czosnek w proszku. Dopraw wołowinę solą i czarnym pieprzem i wszystko razem wymieszaj. Nie ma powodu, aby próbować przyrumienić wołowinę w tym naczyniu — wystarczy wszystko wymieszać, aby mięso nie gotowało się w dużych grudkach.

Dodaj czerwoną soczewicę i mieszaj dalej, aż dobrze się połączą i zaczną skwierczeć na patelni. Kontynuuj gotowanie, od czasu do czasu mieszając, aż wołowina odparuje surowy kolor.

Dodaj fasolę i bulion z kurczaka i zwiększ ogień do wysokiego. Gdy zacznie bulgotać, zredukuj ją do delikatnego wrzenia, przykryj i gotuj dalej, aż soczewica ładnie zmięknie, pilnując ilości płynu i dolewając wody w razie potrzeby — jeśli płyn będzie zbyt gęsty, czerwona soczewica zbierze się bardzo długo gotować. To zajmie prawdopodobnie około 30 minut.

Gdy soczewica zmięknie dodać pokrojone pomidory. Ponownie zagotuj chili, przykryj i gotuj przez 1 godzinę, mieszając dno garnka (czerwona soczewica czasami lubi przywierać do dna). Powinieneś otrzymać gęstą, obfitą konsystencję przypominającą gulasz. Posmakuj go do przypraw i dostosuj w razie potrzeby.

Podawaj w miseczkach z wybranymi dodatkami.

68.   Żydowska włoska rosół z makaronem

Serwuje od 4 do 6

7 filiżanek bulionu z kurczaka
Sól
8 uncji lub mniej gotowanego kurczaka, rozdartego ręcznie (około 1 szklanki; patrz uwaga)
2 średnie marchewki, pokrojone w około ½ cala (około 1 szklanki)
3 łodygi selera, pokrojone na około ½ cala kawałki (około 2 filiżanek)
1 szklanka grubo posiekanej żółtej cebuli (od małej do średniej cebuli)
1 (8 uncji) rudy ziemniak, pokrojony w średnią kostkę
Makaron i Serwowanie
Sól
12 uncji bardzo szerokiego makaronu jajecznego lub krótkiego suszonego makaronu z kaszy manny, takiego jak średnie muszle lub orecchiette
Drobno posiekana świeża pietruszka o płaskich liściach
Świeżo starty ser Parmigiano-Reggiano
Świeżo mielony czarny pieprz
Wyposażenie Około 4-litrowy rondel lub garnek do zupy, garnek wystarczająco duży, aby ugotować makaron i durszlak

W 4-litrowym rondlu zagotuj bulion z kurczaka na wolnym ogniu na średnim ogniu. Dopraw solą do smaku – może być nawet lekko przesolona, ponieważ warzywa i kurczak wchłoną dużo tej przyprawy. Dodaj kurczaka, marchew, seler, cebulę i ziemniaki i ponownie gotuj na wolnym ogniu. Zmniejsz ogień do gołego wrzenia, przykryj i gotuj, aż cała chrupkość opuści warzywa, ale nie będą papkowate, około 20 minut. Spróbuj zupy do przyprawiania i w razie potrzeby dodaj więcej soli. Gdy warzywa się ugotują, możesz zdjąć z ognia i trzymać pod przykryciem, aż będziesz gotowy do ugotowania makaronu.

Ugotuj makaron: Kiedy nadejdzie pora jedzenia, zagotuj garnek obficie osolonej wody na makaron. Dodać makaron jajeczny i ugotować al dente zgodnie z instrukcją na opakowaniu. Odsącz je i rozłóż do misek — lubię przyzwoitą ilość makaronu w misce, więc zwykle napełniam miskę makaronem mniej więcej do połowy. Ale każdy może to zrobić według własnego gustu.

Wlej gorącą zupę na makaron, upewniając się, że wlewa się dużo bulionu. Posyp miseczki posypaną natką pietruszki, parmezanem i kilkoma dużymi kawałkami czarnego pieprzu. Zjedz od razu.

Resztki dobrze się podgrzewają — pamiętaj tylko, aby pod żadnym pozorem nie trzymać makaronu jajecznego w garnku z bulionem. Resztki makaronu i zupy przechowuj osobno.

69.   Zupa Z Kurczaka Z Makaronem Imbirowo-Kolendrowym

Serwuje 4

1 (3½ uncji) opakowanie grzybów bunashimeji (buk) lub około 3 uncji innych grzybów, takich jak biały guzik, cremini, shiitake lub ostryga
4 szklanki bulionu z kurczaka
3 łyżki tamari
3 szalotki, cienko pokrojone, ciemnozielone wierzchołki trzymane osobno
3-calowy gałek świeżego imbiru, startego lub drobno pokrojonego (około 2½ łyżki stołowej)
4 uncje gotowanego kurczaka, rozdartego na kawałki wielkości kęsa
6 uncji makaronu ryżowego, takiego jak mai fun, pad thai lub wermiszel
Sól
2 małe główki baby bok choy, bardzo grubo posiekane lub około 6 uncji liści szpinaku, grubo posiekane
Liście kolendry, do dekoracji
Sezam biały, świeżo uprażony lub zakupiony już uprażony
Wyposażenie Garnek wystarczająco duży, aby ugotować makaron i około 4-litrowy rondel lub garnek do zupy

Przygotuj grzyby: W przypadku bunashimeji odetnij brudny koniec korzenia i wyrzuć go, a następnie podziel grzyby na pojedyncze kawałki. W przypadku cremini lub białych guzików strzepnij brud i pokrój je w cienkie plasterki. W przypadku shiitake lub ostryg usuń łodygi i zachowaj je dla Vegan Dashi, a następnie po prostu rozerwij kapelusze na kawałki wielkości kęsa.
W garnku zagotować wodę na makaron ryżowy.
W międzyczasie w 4-litrowym rondlu zagotuj bulion i tamari na wolnym ogniu. Dodaj białą i jasnozieloną część szalotki, imbir, kurczaka i grzyby. Doprowadzić bulion z powrotem do wrzenia, a następnie zmniejszyć ogień, przykryć i gotować na wolnym ogniu przez około 10 minut. Zdjąć z ognia.

Do wrzącej wody wrzucamy makaron i gotujemy zgodnie z instrukcją na opakowaniu. Odcedź makaron i podziel go na cztery miski. Spróbuj zupy, aby ją doprawić i jeśli to konieczne, dodaj sól — nie szkodzi, jeśli jest zbyt słona, ponieważ jest jeszcze makaron i warzywa.

Dodaj bok choy lub szpinak do garnka z zupą i zamieszaj tak, aby były zanurzone w bulionie. Ponownie przykryj garnek i pozwól warzywom więdnąć przez około 30 sekund (chcesz, aby łodygi bok choy były chrupiące, a szpinak nie był całkowicie wiotki).

Rozlej zupę do miseczek, starając się rozłożyć wszystkie składniki jak najbardziej równomiernie. Udekoruj miski liśćmi kolendry, zarezerwowaną zieloną cebulą i lekkim posypaniem nasion sezamu. Zjedz od razu.

RYŻ I FASOLA

70. Krautowa Fasola

Służy 1 jako główny lub 2 lub 3 jako dodatek

1 łyżka oliwy z oliwek
1 ząbek czosnku, grubo posiekany
½ szklanki kiszonej kapusty z sokiem
1 łyżeczka suszonego oregano
¼ łyżeczki mielonej czerwonej papryki
1 (15 uncji) fasola z puszki (każda fasola jest świetna, ale często używam cannellini lub pinto), nieodsączona
1 łyżeczka tamari
Sól
Świeżo starty Parmigiano-Reggiano do podania (opcjonalnie — Iliza zwykle robi, a ja zwykle nie)
Oliwa z oliwek z pierwszego tłoczenia, do podania
Wyposażenie Średnia patelnia

Na średniej patelni rozgrzej olej na średnim ogniu, aż zacznie błyszczeć. Dodaj czosnek i smaż, aż zbrązowieje tylko na brzegach. Dodaj kapustę kiszoną i mieszaj, gotując ją, aż zacznie się chrupiąca i miejscami brązowa, a większość płynu odparuje, około 2 minut. Dodaj oregano, zmiażdżoną czerwoną paprykę i fasolę i zwiększ ogień do średniego, często mieszając fasolę. Dodaj tamari i kontynuuj mieszanie i gotowanie na wolnym ogniu, aż fasola nieco zgęstnieje, a kiedy przeciągniesz łyżką po patelni, fasola powoli wypełni lukę, około 2 minuty dłużej. Fasolę doprawiamy do smaku solą.
Podawaj w misce i jeśli chcesz, posyp serem i skrop oliwą z oliwek.

71.   Szybka fasola i zielenina dla jednego

Służy 1

1 łyżka oliwy z oliwek
2 ząbki czosnku, rozgniecione bokiem noża i obrane
4 uncje miękkich, liściastych warzyw, takich jak szpinak, boćwina, escarole lub młody jarmuż, z grubsza posiekane (około 4 luźno upakowanych filiżanek) lub 1 szklanka mrożonego szpinaku
Sól i świeżo mielony czarny pieprz
1¾ szklanki gotowanej fasoli z płynem do gotowania, domowej roboty lub 1 (15 uncji) fasoli z puszki (każda fasola się nada, chociaż najczęściej używałem białej fasoli, takiej jak cannellini), nieodsączona
Szczypta suszonego oregano
Jajko sadzone (opcjonalnie)
Wyciskanie soku z cytryny, Salsa z Charred Tomatillo lub ostry sos do wykończenia są opcjonalne, ale całkiem przyjemne
Wyposażenie Średnia patelnia lub rondel

Na średniej patelni lub rondlu rozgrzej olej i czosnek na średnim ogniu i smaż, aż zbrązowieje na brzegach, około 90 sekund. Dodać zieleninę i doprawić solą i pieprzem. Smaż je, aż zwiędną, kolejne 90 sekund. Dodaj fasolę i jej płyn oraz oregano. Dopraw ponownie solą i pieprzem i gotuj na wolnym ogniu, mieszając fasolę, aż trochę zgęstnieje, około 3 minuty dłużej.
Przenieś fasolę i zieleninę do miski i jeśli chcesz, udekoruj ją jajkiem sadzonym. Zjedz z wybraną przez siebie przyprawą. Spotkanie ze znajomymi w barze po skończonym jedzeniu jest opcjonalne, ale zalecane.

72.   Biała Fasola Z Kiełbasą I Jarmużem

Służy 3 lub 4

2 łyżki oliwy z oliwek, plus więcej do skropienia
4 ząbki czosnku, rozgniecione bokiem noża i obrane
½ szklanki pokrojonej w kostkę szalotki lub cebuli
Sól
8 uncji Cal-włoska kiełbasa wieprzowa lub słodka włoska kiełbasa, usunięte osłonki
1 łyżka octu ryżowego
12 lub więcej liści jarmużu, łodyg i nerwów głównych obranych i wyrzuconych, liście posiekane na kawałki wielkości kęsa
Szczypta mielonej czerwonej papryki
3½ szklanki ugotowanej fasoli z płynem do gotowania lub 2 (15-uncjowe) puszki fasoli (każda fasola się nada, chociaż najczęściej używam białej fasoli, takiej jak cannellini), nieodsączona
¼ szklanki wody
1 łyżeczka tamari
Świeżo mielony czarny pieprz
Wyposażenie Duża patelnia z pokrywką lub piekarnik holenderski

Na dużej patelni rozgrzej oliwę z oliwek na średnim ogniu, aż zacznie błyszczeć. Dodaj czosnek i szalotki. Dopraw je lekko solą i smaż, aż zwiędną, około 90 sekund. Dodać kiełbasę i rozdrobnić łyżką. Zwiększ ogień do średniego, ciągle mieszając i dalej rozdrabniając kiełbasę łyżką. Kontynuuj gotowanie, aż kiełbasa zacznie się nieco rumienić, kolejne 4 minuty. Gdy kiełbasa zacznie się chrupać, dodaj po trochu ocet ryżowy, łyżką i płynem, aby usunąć glazurę z dna i brzegów patelni.

Po odklejeniu dodaj jarmuż i zmiażdżoną czerwoną paprykę, dopraw solą i kontynuuj smażenie i mieszanie, aż jarmuż zwiędnie i dobrze się wymiesza, jeszcze około 3 minut.

Dodaj fasolę i jej soki, wodę, tamari i kilka skrętów czarnego pieprzu i wymieszaj wszystko razem. Doprowadź wszystko do wrzenia. następnie zredukuj ciepło do średnio-niskiego, przykryj i kontynuuj gotowanie na wolnym ogniu przez około 5 minut. Odkryj i sprawdź: Jeśli stał się zbyt gęsty i skrobiowy, dodaj kolejną porcję wody — chcesz, aby zawierał trochę gęstego bulionu. Spróbuj doprawić, w razie potrzeby doprawiając solą i czarnym pieprzem.

Przelej do miseczek i od razu podawaj, polane odrobiną oliwy z oliwek.

73.   Miska fasoli z grzybami i szpinakiem

Robi 2 miski

3½ szklanki ugotowanej fasoli i jej płynu do gotowania lub 2 (15 uncji) puszek fasoli, nieodsączonej
2 łyżki niesolonego masła
2 gałązki świeżego rozmarynu
1½ łyżki tamari
8 uncji z grubsza rozdartych mieszanych grzybów lub dowolnego grzyba, który lubisz (upewniając się, że usuniesz wszelkie twarde łodygi, takie jak te na shiitake)
1 łyżka oliwy z oliwek, plus więcej do skropienia
3 łyżki drobno posiekanej szalotki lub cebuli
1 pęczek (około 6 uncji) szpinaku, umyty i stosunkowo suchy
¼ łyżeczki mielonej czerwonej papryki
Sól
Jajko w koszulce lub po słonecznej stronie do podania
½ cytryny
Parmezan lub dowolny ostro dojrzewający ser, który lubisz
Wyposażenie Przykryty rondel, patelnia do smażenia lub patelnia

Jeśli używasz świeżo ugotowanej fasoli, posmakuj fasoli do przyprawiania i utrzymuj ją w cieple. W przypadku fasoli w puszce lub jeśli używasz resztek fasoli gotowanej w domu, podgrzej ją delikatnie w przykrytym rondlu na kuchence, a następnie posmakuj, aby doprawić i utrzymuj w cieple.

Na patelni lub rondelku rozpuść masło na średnim ogniu, a następnie dodaj gałązki rozmarynu i pozwól im się opiekać przez około 30 sekund. Dodaj tamari i wymieszaj, aby połączyć, następnie wrzuć grzyby i smaż, mieszając od czasu do czasu, aż będą całkowicie ugotowane i miękkie, około 8 minut (w zależności od rodzaju grzybów, których używasz). Odrzuć łodygi rozmarynu, pozostawiając liście, które opadły.

Gdy grzyby prawie się gotują, wlej gorącą fasolę do misek. Następnie, gdy grzyby będą gotowe, podziel je między miski, układając bezpośrednio na fasoli. Wszelka dodatkowa ciecz jest zachęcana do pozostania na patelni do smażenia.

Wstaw patelnię z powrotem do pieca i dodaj oliwę z oliwek oraz szalotki i smaż przez około 1 minutę, aż zwiędną. Zwiększ ogień do dużego, odczekaj 30 sekund, a następnie dodaj szpinak i pokruszoną czerwoną paprykę na patelnię. Dopraw lekko solą i ciągle mieszaj, aż szpinak zwiędnie, ale nie będzie papkowaty, około minuty. Łyżką lub wysyp szpinak obok grzybów, podzielonych między dwie miski.

Jeśli używasz jajka sadzonego lub jajka w koszulce, umieść je teraz na misce.

Wyciśnij trochę soku z cytryny na każdą miskę (uważając na nasiona). Posyp tartym serem i na koniec skrop oliwą z oliwek. Zjedz natychmiast.

74. Pomodoro z soczewicy ze szpinakiem i fasolą

Służy 1 lub 2

1 łyżka oliwy z oliwek
3 ząbki czosnku, cienko pokrojone lub posiekane
Sól
¼ łyżeczki suszonego oregano
¼ łyżeczki suszonej bazylii
Szczypta mielonej czerwonej papryki
6 uncji liści szpinaku (około 4 filiżanek, ciasno upakowanych)
Świeżo mielony czarny pieprz
1¾ szklanki ugotowanej fasoli z płynem do gotowania lub 1 (15 uncji) fasoli z puszki (cannellini lub dowolna biała fasola działa świetnie), nieodsączona
½ szklanki czerwonej soczewicy, wypłukanej, ugotowanej do miękkości i odsączonej
1 (28 uncji) puszka całych obranych pomidorów
tarty ser Parmigiano-Reggiano do podania (opcjonalnie)
Oliwa z oliwek z pierwszego tłoczenia, do podania
Wyposażenie Średni garnek lub rondel z pokrywką

W średnim garnku lub rondlu rozgrzej olej na średnim ogniu, aż będzie lśniący. Dodaj czosnek i szczyptę soli. Wymieszaj czosnek, a gdy zacznie się rumienić na brzegach, dodaj oregano, bazylię i zmiażdżoną czerwoną paprykę i pozwól im się opiekać przez 30 sekund. Dodaj szpinak, dopraw solą i czarnym pieprzem i gotuj, aż zwiędnie, około 1 minuty. Dodaj fasolę wraz z sokiem, dopraw ją solą i czarnym pieprzem i mieszaj, aż się zagotuje, a płyn zgęstnieje, około 2 minut.

Dodać ugotowaną i odsączoną czerwoną soczewicę i wymieszać do połączenia. Pozwól im wrócić do wrzenia. W międzyczasie wlej pomidory z puszki i ich soki do miski i zmiażdż je ręcznie, aż uzyskają gruboziarnistą, rustykalną konsystencję. Dodaj pomidory i ich sok do garnka i ponownie dopraw solą i pieprzem.

Doprowadź pomodoro do wrzenia, a następnie przykryj patelnię i zmniejsz ogień do niskiego. Pozwól mu gotować się na małym ogniu przez 5 minut, a następnie zdejmij z ognia, próbując go doprawić i dostosować w razie potrzeby.

Podawaj pomodoro nałożone chochlą do misek i posypane serem, jeśli chcesz (ja często tego nie robię) i skropione oliwą z oliwek z pierwszego tłoczenia.

75.   Ryż, ciepłe warzywa i zwiędły biały cheddar

Serwuje 2

3 łyżki niesolonego masła w temperaturze pokojowej
1 ząbek czosnku, drobno starty lub posiekany
1 łyżka drobno posiekanego świeżego szczypiorku
Sól
4 szklanki różnych pokrojonych zielonych warzyw, pokrojonych na
około ½-calowe kawałki
Około 2 filiżanek gotowanego ryżu (wolę japoński ryż
krótkoziarnisty), utrzymywanego na gorąco
1½ uncji dojrzałego białego cheddara lub dowolnego ostrego sera
do wyboru, startego na cienkie wstążki (nie rozdrobnione)
1 cytryna, o połowę
Świeżo mielony czarny pieprz
1 jajko na twardo (całkiem opcjonalne; ta strona)
Sprzęt Sposób gotowania ryżu, duży garnek (co najmniej 4-litrowy)
do blanszowania warzyw, duża miska i durszlak

Napełnij duży garnek wodą i postaw go na dużym ogniu.
W międzyczasie umieść masło na dnie dużej miski. Jeśli masło jest
zimne, możesz po prostu podgrzać je w kuchence mikrofalowej, aby
je stopić, a następnie wlać do miski lub skorzystać z poniższej
metody „dodatkowego kredytu". Dodaj czosnek i szczypiorek do
masła i odłóż na bok.
Dodatkowy kredyt: Jeśli to możliwe, zalecam umieszczenie masła,
czosnku i szczypiorku w metalowej misce, która zmieści się na
garnku, w którym gotujesz wodę na warzywa. Ustaw tam miskę, jak
podwójny kocioł, i pozwól, aby ciepło stopiło masło, podczas gdy
woda się zagotuje. Spowoduje to zwiędnięcie czosnku i szczypiorku
oraz głębsze nasycenie smaku masłem. Gdy woda się zagotuje,
możesz zdjąć miskę i odstawić ją na bok – uważaj tylko, bo miska
będzie gorąca.
Gdy woda się zagotuje, posol ją agresywnie – powinna być dość
słonawa, jak morze. Dodaj wszystkie zielone warzywa i gotuj je, aż
trochę ich ugryzie, około 90 sekund (jeśli używasz dużego, świeżego

groszku, możesz gotować je przez dodatkowe 60 sekund). Odcedź je na durszlaku i natychmiast (po odpłynięciu wody) wrzuć do miski na masło, czosnek i szczypiorek. Pozostaw je tam na co najmniej 30 sekund, aby ciepło resztkowe stopiło masło.

W międzyczasie porcjuj ugotowany ryż do miseczek – im szersze i bardziej płaskie, tym lepiej. Połóż cienkie wstążki sera cheddar na wierzchu ryżu w jednej warstwie.

Wyciśnij połówkę cytryny na warzywa (uważaj, aby złapać nasiona i je wyrzucić). Dokładnie wymieszaj mieszankę warzywną, aby połączyć, upewniając się, że całe masło zostało złapane na dnie. Posmakuj go do przypraw i dodaj więcej soli i cytryny w razie potrzeby, a także kilka skrętów czarnego pieprzu.

Jeśli używasz jajka na twardo, możesz je przekroić wzdłuż na pół i położyć połówkę na środku każdej miski, na wierzchu ryżu i sera cheddar.

Połóż warzywa na ryżu, otaczając jajko, jeśli używasz, całkowicie zakrywając cały ryż i biały cheddar. Zjedz to natychmiast.

76. Zielony ryż i czarna fasola

Serwuje od 4 do 6

Zielony Ryż
3 łyżki Ghee lub neutralnego oleju, takiego jak olej roślinny, rzepakowy lub z pestek winogron
1½ szklanki ryżu długoziarnistego, dokładnie wypłukanego
4 szalotki, grubo posiekane
1 ząbek czosnku, obrany
1 chili poblano lub Anaheim, pozbawione łodygi i nasion, z grubsza posiekane
1 pęczek świeżej kolendry, liści i delikatnych łodyg (można zastąpić pietruszką)
2¼ szklanki wody
Sól
Czarna fasola
1 łyżka neutralnego oleju, takiego jak olej roślinny, rzepakowy lub z pestek winogron
2 łyżki drobno posiekanej białej cebuli
3½ szklanki gotowanej czarnej fasoli, domowej roboty lub z 2 (15 uncji) puszek czarnej fasoli
Sól
Do serwowania
Salsa z opalanych pomidorów lub ostry sos
Drobno starty ser, taki jak cheddar, Monterey Jack lub wędzona Gouda, do podania
Wyposażenie Garnek z grubym dnem lub piekarnik holenderski (można też użyć garnka do gotowania ryżu) i średnia patelnia lub patelnia do smażenia

Zrób zielony ryż: w garnku z grubym dnem i pokrywką, takim jak holenderski piekarnik, podgrzej ghee na średnim ogniu. Dodaj ryż i tosty, często mieszając, aż stanie się aromatyczny i zacznie zmieniać kolor na blady odcień brązu, 2 do 3 minut.
W międzyczasie w blenderze połącz szalotki, czosnek, chili, kolendrę i wodę i dokładnie wymieszaj.

Gdy ryż się upiecze, dodaj mieszankę blendera i zdrową szczyptę soli do garnka i zamieszaj. Doprowadzić mieszaninę do wrzenia, następnie przykryć garnek, zmniejszyć ogień do niskiego poziomu i gotować, aż płyn zostanie wchłonięty, około 12 minut. Wyłącz ogień i pozostaw garnek pod przykryciem na 10 minut.

W międzyczasie przygotuj fasolę: Na średniej patelni lub patelni do smażenia rozgrzej olej na średnim ogniu. Dodaj posiekaną cebulę i smaż ją, mieszając od czasu do czasu, aż zwiędnie, ale nie zbrązowieje, około 90 sekund. Dodaj fasolę i płyn z jej gotowania. Doprowadź je do wrzenia i często mieszaj, aż ziarna będą nieco grubsze, kolejne 90 sekund. Zdjąć fasolę z ognia. Spróbuj i dodaj więcej soli w razie potrzeby.

Gdy ryż odpocznie, wymieszaj go i dopraw do smaku solą.

Ryż i fasolę podawaj z salsą lub ostrym sosem do wyboru i ewentualnie odrobiną tartego sera.

Uwaga Aby przygotować zielony ryż w urządzeniu do gotowania ryżu, pomiń etap opiekania ryżu i zmiksuj dymkę, czosnek, chili, kolendrę i wodę zgodnie z zaleceniami, ale zmniejsz ilość wody do 2 filiżanek. Dodaj mieszankę do urządzenia do gotowania ryżu wraz z ryżem, 2 łyżkami ghee lub neutralnego oleju i zdrową szczyptą soli. Wymieszaj mieszaninę, a następnie włącz urządzenie do gotowania ryżu. Po ugotowaniu ryżu zmiel zielony ryż i dopraw do smaku solą.

77.   Smażony Ryż Z Warzyw

Serwuje od 4 do 6

2 łyżki oleju z wysokiej temperatury (dowolny, jaki lubisz, na przykład z pestek winogron, z orzeszków ziemnych lub warzywny)
2 duże jajka, lekko ubite
4 ząbki czosnku, posiekane (lub dowolne pokrojone w kostkę allium, które masz pod ręką)
1 łyżka startego lub drobno posiekanego świeżego imbiru
1½ szklanki różnych pokrojonych w kostkę warzyw, takich jak łodygi brokułów i kalafiora, mrożony groszek, kukurydza, marchew, fasolka szparagowa itp.
Opcjonalne resztki mięsa, takie jak stek, wieprzowina, krewetki lub kurczak
Sól
2 szklanki ugotowanego ryżu (świeżo ugotowanego lub resztek)
½ łyżki sosu tamari lub sojowego
Świeżo mielony czarny pieprz
Odrobina sosu rybnego (opcjonalnie)
Opcjonalne dodatki: sos rybny, tamari, ocet ryżowy, olej chilijski lub olej sezamowy, drobno posiekana szalotka lub szczypiorek
Wyposażenie Wok lub duża patelnia z nieprzywierającą powłoką

W woku lub dużej patelni z nieprzywierającą powłoką rozgrzej olej na dużym ogniu, aż będzie lśniący. Dodaj jajka. Lubię przechylać jajko na patelni, a następnie przeciągać przez nie żaroodporną silikonową szpatułką lub łyżką, aby utworzyć długie, cienkie pasma i powtarzać to, aż ledwo się zetną. Następnie krawędzią łyżki lub szpatułki żaroodpornej rozdrobnij je na małe kawałki. Dodaj czosnek, imbir i różne warzywa (jeśli dodajesz pokrojone w kostkę kawałki mięsa, można je również dodać tutaj). Dopraw je odrobiną soli i często mieszaj, aż warzywa będą miękkie i po prostu ugotowane, z odrobiną ugryzienia, od 2 do 3 minut. Wymieszaj składniki razem, nadal rozbijając jajko i kontynuuj mieszanie. W razie potrzeby można dodać odrobinę oleju, ale staram się tego unikać, jeśli to możliwe, aby ryż nie był zbyt tłusty. Jeśli używasz schłodzonego pozostałego ryżu, rozdrobnij go palcami, aby się nie zbrylił.

Dodaj ryż i tamari i wszystko dokładnie wymieszaj, pozwalając mu się wchłonąć i połączyć. Dopraw do smaku solą i czarnym pieprzem (lubię to trochę pieprzne) i być może odrobiną sosu rybnego, jeśli masz na to ochotę.

Przenieś smażony ryż do misek i natychmiast go zjedz, doprawiając według uznania sosem rybnym, octem ryżowym, tamari, olejem chili i szalotką.

78.   Wegańskie Mapo Tofu

Służy 2 lub 3

1 uncja suszonych grzybów, takich jak shiitake
2 łyżki czerwonej pasty miso (lub innej pasty miso)
4 szalotki
4 ząbki czosnku, posiekane
1½ łyżki mielonego świeżego imbiru
Sól
¼ szklanki oleju chilijskiego lub oleju sezamowego, aby zmniejszyć ciepło
1 łyżeczka shichimi lub ½ łyżeczki mielonego suszonego chile de árbol, ichimi lub zmiażdżonej czerwonej papryki
1¾ szklanki Vegan Dashi; patrz Uwaga
1 funt tofu (najlepiej jedwabistego), pokrojonego w ½-calowe kostki
1 łyżeczka skrobi kukurydzianej lub skrobi ziemniaczanej rozpuszczonej w 1 łyżce wody
Ugotowany biały ryż (najlepiej krótkoziarnisty) do podania
Wyposażenie Duża nieprzywierająca patelnia lub wok

Suszone grzyby włożyć do miski i zalać gorącą wodą. Pozwól im zaparzyć się, aż całkowicie zmiękną i nawodnią, co najmniej 10 minut.
W średniej misce połącz pastę miso z 2 łyżkami płynu do moczenia grzybów i mieszaj do całkowitego połączenia (pomoże to zapobiec zbrylaniu się pasty miso w sosie).
Cienko pokrój ciemnozielone wierzchołki szalotki i odłóż je na bok. Następnie drobno posiekaj białą i jasnozieloną część i dodaj do miski z miso. Dodaj czosnek i imbir do miski.
Odsącz nawodnione grzyby i posiekaj je bardzo drobno, a następnie dodaj do mieszanki miso i wszystko razem wymieszaj. Mieszankę doprawiamy odrobiną soli.
Na dużej patelni lub w woku rozgrzej olej chili na dużym ogniu, aż zacznie połyskiwać. Ostrożnie dodaj mieszankę miso i smaż ją, często mieszając, aż będzie aromatyczna, ale nie spalona, około 90 sekund. Dodaj shichimi i krótko wymieszaj z mieszanką miso,

następnie dodaj dashi, tofu i mieszankę skrobi kukurydzianej. Zmniejsz temperaturę do średniej i kontynuuj gotowanie mapo tofu, od czasu do czasu mieszając, aż nieco zgęstnieje, ale nadal będzie płynne, około 5 minut. Dodaj połowę zielonych wierzchołków cebuli i wymieszaj.

Dopraw tofu mapo do smaku solą i podawaj z ugotowanym białym ryżem, posypane większą ilością pokrojonych szalotek.

Uwaga Jeśli chcesz, zachowaj resztki nawodnionych suszonych grzybów użytych do przygotowania wegańskiego dashi i dodaj do innych namoczonych grzybów, aby uzyskać dodatkowy poncz umami.

PRAWIE W CAŁOŚCI BIAŁKA

79. Herbed Panko Bułka tarta

Wychodzi około 4 filiżanek

2 ząbki czosnku, grubo posiekane
2 szklanki z grubsza porwanych liści pietruszki o płaskich liściach (z około 1 pęczka pietruszki)
8 uncji bułki tartej panko (najlepiej bez cukru)
Świeżo mielony czarny pieprz
Sól
Wyposażenie Robot kuchenny

W robocie kuchennym połącz czosnek i pietruszkę i rozdrabniaj je, od czasu do czasu zeskrobując boki miski, aż uzyskasz drobno posiekaną mieszankę bez dużych kawałków czosnku. Dodaj panko i kilka skrętów czarnego pieprzu. Pulsuj mieszaninę, aż uzyskasz jasnozieloną, gruboziarnistą, kruchą mieszankę bułki tartej. Spróbuj go doprawić i dodaj sól w razie potrzeby — powinien być na krawędzi zbyt słonego smaku. Użyj bułki tartej z ziołami natychmiast lub przenieś do hermetycznego pojemnika i zamroź. Te bułki tartej bardzo dobrze się zamrażają.

Uwaga Jeśli nie masz robota kuchennego, ale nadal chcesz je zrobić, posiekaj pietruszkę i czosnek tak drobno, jak to możliwe. Następnie wrzuć je do dużej miski z panko, solą i pieprzem do smaku, chrupiąc je trochę rękami, mieszając, aż wszystko się połączy.

80. Mozzarella Marynara

Serwuje 4

8 uncji mozzarelli o niskiej zawartości wilgoci (najlepiej w kwadratowej kłodzie)
½ szklanki mąki uniwersalnej i więcej w razie potrzeby
2 duże jajka
¾ szklanki Herbed Panko Bułka tarta, plus więcej w razie potrzeby
Olej neutralny, do smażenia na patelni
Około 1¼ szklanki podstawowego sosu pomidorowego lub sosu pomidorowego Iliza, podgrzanego
Świeżo starty parmezan do podania
Kilka listków posiekanej świeżej bazylii lub pietruszki (opcjonalnie) do dekoracji
Wyposażenie Druciana podstawka, blacha i patelnia z grubym dnem

Pokrój mozzarellę na 4 kwadratowe plastry o równej grubości.
Skonfiguruj stanowisko panierowania: Ustaw trzy szerokie talerze obok siebie. Na pierwszy talerz wsyp mąkę, na drugi delikatnie ubij jajka, a na trzeci połóż ziołowe panko. Włóż drucianą podstawkę do blachy.
Używając metody mokrej/suchej ręki (po prostu trzymaj jedną rękę suchą i dotykaj mokrych rzeczy tylko „mokrą ręką"), zanurz pierwszy plasterek mozzarelli w mące, tak aby był całkowicie pokryty. Strząśnij nadmiar mąki, a następnie zanurz obie strony w jajku, aby również zostało pokryte, i pozwól, aby nadmiar spłynął. Na koniec obtaczamy w ziołowym panko i układamy na ruszcie. Powtórz dla wszystkich 4 kawałków, dodając więcej mąki, jajka lub panko do talerzy w razie potrzeby.
Trzymaj panierowaną mozzarellę odkrytą w lodówce, aż będziesz gotowa do smażenia.
Wlej ¼ cala oleju na patelnię z grubym dnem i umieść ją na średnim ogniu. Jeśli masz termometr do głębokiego smażenia, szukasz temperatury 350 ° F – ale szczerze mówiąc, nigdy go nie używam. Podstawową zasadą jest to, że ser ma skwierczeć, gdy uderzy w patelnię, ale nie powinien się palić. Szukasz stałych skwierczących

dźwięków. Jeśli nie skwierczy, zwiększ ogień, a jeśli się pali, zmniejsz go. Celem jest uzyskanie złocistobrązowej skórki bez czernienia i rozmoczenia.

Wyłóż talerz ręcznikiem kuchennym lub ręcznikami papierowymi i umieść go w pobliżu kuchenki. Zacznij układać pierwszy kawałek na patelni. Jeśli nie skwierczy od razu, wyjmij go i poczekaj, aż patelnia się bardziej rozgrzeje. W razie potrzeby gotuj mozzarellę partiami – może to oznaczać dwie, trzy lub wszystkie cztery na raz, w zależności od wielkości twojej patelni. Pozwól mu smażyć, aż będzie złotobrązowy z pierwszej strony, zwykle od 2 do 3 minut. Następnie delikatnie odwróć, uważając, aby nie rozpryskać oleju. Jeśli na zrumienionej stronie są plamy, które nie uzyskały pożądanego koloru, możesz nakładać na nie gorący olej powtarzającymi się ruchami, podczas gdy druga strona smaży się. Gdy każdy kawałek stanie się złocistobrązowy po drugiej stronie, wyjmij go i połóż na talerzu wyłożonym ręcznikiem. Jeśli gotujesz więcej porcji,

Topiony ser najlepiej smakuje zaraz po usmażeniu. Na talerz wylej trochę podgrzanego sosu i ułóż na nim mozzarellę. Wykończ tartym serem i posyp świeżymi ziołami, jeśli sobie tego życzysz. Zjedz to natychmiast.

81.   Filet z Soli

Robi 4 filety

4 filety z podeszwy bez skóry (5 do 6 uncji każdy)
½ szklanki mąki uniwersalnej i więcej w razie potrzeby
2 duże jajka
1 szklanka bułki tartej Herbed Panko, plus więcej w razie potrzeby
Olej neutralny, do smażenia na patelni
1 cytryna pokrojona w ćwiartki do podania
Wyposażenie Druciana podstawka, blacha i patelnia z grubym dnem

Skonfiguruj stanowisko panierowania: ustaw trzy talerze obok siebie. Na pierwszy talerz przesiej mąkę, na drugim delikatnie ubij jajka, a na trzecim umieść ziołowe panko.
Ustaw drucianą podstawkę na blasze. Filety rybne osusz. Używając metody mokrej dłoni/suchej dłoni (zasadniczo trzymaj jedną rękę suchą i dotykaj tylko mokrych rzeczy „mokrą ręką"), zanurz pierwszy filet w mące, aby był całkowicie pokryty. Strząśnij nadmiar mąki, a następnie zanurz obie strony w jajku, aby również zostało pokryte, i pozwól, aby nadmiar spłynął. Na koniec obtaczamy w ziołowym panko i układamy na ruszcie. Powtórz to z pozostałymi filetami, w razie potrzeby dodając więcej mąki, jajka lub panko.
Trzymaj filety odkryte w lodówce, aż będą gotowe do smażenia.
Wyłóż talerz ręcznikiem kuchennym lub ręcznikami papierowymi i umieść go w pobliżu kuchenki. Wlej ¼ cala oleju na patelnię z grubym dnem i umieść ją na średnim ogniu. Jeśli masz termometr do głębokiego smażenia, szukasz temperatury 350 ° F – ale szczerze mówiąc, nigdy go nie używam. Podstawową zasadą jest to, aby filety skwierczały, gdy uderzą w patelnię, ale nie spalą się. Szukasz stałych skwierczących dźwięków. Jeśli nie skwierczą, zwiększ ogień, a jeśli się przypalają, zmniejsz. Celem jest uzyskanie złocistobrązowej skórki bez czernienia i rozmoczenia.
Połóż pierwszy filet na patelni. Jeśli nie skwierczy od razu, wyjmij go i poczekaj, aż patelnia się bardziej rozgrzeje. Gotuj filety partiami – może to oznaczać jeden lub dwa naraz, w zależności od wielkości twojej patelni. Pozwól mu smażyć, aż będzie złotobrązowy z

pierwszej strony, zwykle od 2 do 3 minut. Następnie delikatnie odwróć, uważając, aby nie rozpryskać oleju. Jeśli na zrumienionej stronie są plamy, które nie uzyskały pożądanego koloru, możesz nakładać na nie gorący olej powtarzającymi się ruchami, podczas gdy druga strona smaży się. Gdy filet nabierze złotego koloru, a ryba będzie gotowa, połóż filet na talerzu wyłożonym ręcznikiem. Szukasz temperatury wewnętrznej około 145 ° F, ale jeśli filet nie jest zbyt gruby, twoja ryba będzie ugotowana, zanim obie strony będą złocistobrązowe.

Powtórz te czynności z pozostałymi filetami, upewniając się, że olej ma odpowiednią temperaturę (bułka tarta powinna skwierczeć, gdy dotyka oleju), zanim dodasz kolejną rybę i w razie potrzeby dodasz więcej oleju.

Po ugotowaniu podawaj je natychmiast z cytrynami do wyciskania.

82. <u>Kurczak Milanesa</u>

Przepis na 4 kotlety z kurczaka

4 piersi z kurczaka bez kości i skóry (można też użyć ud bez kości i skóry, ale uważam, że piersi są lepsze do tego dania)
¾ szklanki mąki uniwersalnej i więcej w razie potrzeby
2 duże jajka plus jedno w razie potrzeby
1¼ filiżanki bułki tartej Herbed Panko i więcej w razie potrzeby
Olej neutralny, do smażenia na patelni
1 cytryna pokrojona w ćwiartki do podania
Wyposażenie Folia foliowa lub duża torba plastikowa z zamkiem błyskawicznym, ruszt druciany, blacha do pieczenia i patelnia z grubym dnem
Wytrzyj piersi z kurczaka do sucha, a następnie połóż jedną na desce do krojenia. Celem jest wzięcie zaokrąglonej piersi o nierównej grubości i przekształcenie jej w coś, co ma dość jednolitą grubość (umożliwi to równomierne gotowanie i smażenie). Połóż dłoń płasko na piersi, a następnie trzymaj ostry nóż kuchenny równolegle do piersi i deski do krojenia. Chcesz wsunąć nóż w środek najgrubszej części, a następnie przesunąć go z powrotem na drugą stronę, zatrzymując się około ½ cala od drugiej krawędzi. Następnie możesz wyciągnąć nóż i otworzyć pierś z kurczaka jak książkę. Powinna to być teraz jedna duża, cienka, szeroka pierś z kurczaka. Powtórz ten proces z innymi piersiami.
Następnie, aby naprawdę wyrównać, połóż pierś między dwoma arkuszami plastikowego opakowania lub w dużej zamykanej torebce. Użyj tłuczka do mięsa, butelki wina lub wałka do ciasta, aby rozbić mięso (bez zbytniej siły), aż uzyska jeszcze bardziej jednolitą grubość. Gdy skończysz, odłóż pierś na bok i powtórz to z pozostałymi.
Skonfiguruj stanowisko panierowania: Ustaw trzy szerokie talerze obok siebie. Na pierwszy talerz wsyp mąkę, na drugi delikatnie ubij jajka, a na trzeci połóż ziołowe panko.
Umieść drucianą podstawkę wewnątrz blachy. Używając metody mokrej dłoni / suchej dłoni (zasadniczo trzymaj jedną rękę suchą i dotykaj tylko mokrych rzeczy „mokrą ręką"), zanurz pierwszy

kawałek kurczaka w mące, aby był całkowicie pokryty. Strząśnij nadmiar mąki, a następnie zanurz obie strony w jajku, aby również zostało pokryte, i pozwól, aby nadmiar spłynął. Na koniec obtaczamy w ziołowym panko i układamy na ruszcie. Powtórz to z pozostałymi kawałkami, dodając więcej mąki, jajka lub panko do talerzy w razie potrzeby.

Trzymaj panierowane kotlety odkryte w lodówce, aż będziesz gotowy do smażenia.

Wyłóż talerz ręcznikiem kuchennym lub ręcznikami papierowymi i umieść go w pobliżu kuchenki. Wlej ¼ cala oleju na patelnię z grubym dnem i umieść ją na średnim ogniu. Jeśli masz termometr do głębokiego smażenia, szukasz temperatury 350 ° F – ale szczerze mówiąc, nigdy go nie używam. Podstawową zasadą jest to, aby kurczak skwierczał, gdy uderzy w patelnię, ale nie powinien się palić. Szukasz stałych skwierczących dźwięków. Jeśli nie skwierczy, zwiększ ogień, a jeśli się pali, zmniejsz go. Celem jest uzyskanie złocistobrązowej skórki bez czernienia i rozmoczenia.

Połóż jeden z kotletów z kurczaka na patelni. Jeśli nie skwierczy od razu, wyjmij go i poczekaj, aż patelnia się bardziej rozgrzeje. Gotuj kurczaka partiami – może to oznaczać jednego lub dwóch naraz, w zależności od wielkości twojej patelni. Pozwól mu smażyć, aż będzie złotobrązowy z pierwszej strony, około 4 minut. Następnie delikatnie odwróć, uważając, aby nie rozpryskać oleju. Jeśli na zrumienionej stronie są plamy, które nie uzyskały pożądanego koloru, możesz nakładać na nie gorący olej powtarzającymi się ruchami, podczas gdy druga strona smaży się. Gdy kotlet będzie złotobrązowy, a kurczak będzie ugotowany, wyjmij kawałek i połóż na talerzu wyłożonym ręcznikiem. Szukasz temperatury wewnętrznej około 150 ° F, ale kurczak wbity w cienki kotlet jest zwykle ugotowany, zanim obie strony będą złocistobrązowe.

Powtórz to z pozostałymi kawałkami, upewniając się, że olej ma odpowiednią temperaturę (bułka tarta powinna skwierczeć, gdy dotyka oleju), zanim dodasz kolejny kawałek kurczaka i dodasz więcej oleju w razie potrzeby.

Po ugotowaniu podawaj je natychmiast z cytrynami do wyciskania.

83. kurczak z parmezanem

Serwuje 4

Kurczak Milanesa
2 szklanki podstawowego sosu pomidorowego lub sosu pomidorowego Iliza, podgrzanego, plus 1½ szklanki do podania z makaronem
8 uncji sera mozzarella (świeże lub o niskiej wilgotności są w porządku), cienko pokrojone
Świeżo tarty parmezan
Listki świeżej bazylii (opcjonalnie)
8 uncji suszonego makaronu (kształt do wyboru), ugotowanego
Wyposażenie Blacha i ruszt druciany

Rozgrzej brojler (lub jeśli nie masz brojlera, ustaw piekarnik na najwyższą możliwą temperaturę; możesz nie być w stanie osiągnąć brązowienia sera, ale się rozpuści). Blachę wyłożyć folią. Jeśli masz drucianą podstawkę, umieść ją na patelni. Będzie trochę łatwiej zarządzać, jeśli masz ruszt, ale nie jest to konieczne.
Umieść kawałki kurczaka na ruszcie lub bezpośrednio na wyłożonej blachą do pieczenia. Każdą pierś z kurczaka posmarować łyżką sosu pomidorowego, następnie ułożyć plastry mozzarelli na wierzchu kurczaka i posypać startym parmezanem. Przenieś do piekarnika i gotuj, aż ser się roztopi i zrumieni zgodnie z twoimi upodobaniami, pilnując kurczaka, aby się nie przypalił. Jeśli brzegi zaczną się palić, wyjmij kurczaka i podawaj (przypalony kurczak jest zły, bez względu na to, jak brązowy jest twój ser).
Podawaj od razu, ułożone na kilku łyżkach podgrzanego sosu pomidorowego i porcji ulubionego makaronu z ulubionym sosem pomidorowym.

84. klopsiki z indyka

Wychodzi od 10 do 12 klopsików

1 funt mielonego indyka
około ⅓ szklanki bułki tartej panko lub zwykłej suszonej bułki tartej
2 ząbki czosnku, starte lub posiekane
3 łyżki posiekanej cebuli lub szalotki
Około ½ uncji startego sera Parmigiano-Reggiano (około ½ szklanki
w przypadku ucierania na drobnej tarce Microplane lub ¼ szklanki
na konwencjonalnej tarce)
3 łyżki drobno posiekanej świeżej pietruszki lub ½ szklanki świeżych
liści bazylii, z grubsza porwanych
¼ łyżeczki suszonego oregano
Szczypta mielonej czerwonej papryki
¼ łyżeczki świeżo zmielonego czarnego pieprzu
1 duże jajko
Sól
Olej neutralny, taki jak olej z pestek winogron, warzywny lub
rzepakowy (lub jeśli jesteś moją mamą, oliwa z oliwek)
Wyposażenie Ciężka patelnia, blacha lub blacha do muffinek oraz
termometr do mięsa

Umieść mielonego indyka w dużej misce. Dodaj prawie całą bułkę
tartą do miski (dostosujesz to później, w oparciu o odczucie
mieszanki). Dodaj czosnek, cebulę, parmezan, świeże zioła, suszone
oregano, zmiażdżoną czerwoną i czarną paprykę oraz jajko. Dodaj
zdrową szczyptę soli, a następnie wymieszaj miksturę, upewniając
się, że wszystko jest lekkie i przewiewne - w pełni łącząc wszystkie
składniki bez zagęszczania i gęstnienia. Chcesz mieć lekki dotyk, ale
także upewnij się, że jest dokładnie wymieszany.
Ściśnij około ½-calowej kulki mieszanki mięsnej i zgnij ją w luźny
pasztecik. Gdy olej się rozgrzeje, połóż kotlety na oleju i smaż na
złoty kolor, a następnie przewróć i zrumień z drugiej strony. Gdy
obie strony się zarumienią, wyłącz ogień i wyjmij pasztecik,
pozwalając mu chwilę ostygnąć. Posmakuj do przyprawienia. Jeśli
potrzebuje więcej soli lub pieprzu, dodaj więcej do mieszanki z

indyka i wymieszaj. Jeśli pasztecik rozpadał się na patelni, możesz dodać łyżeczkę lub więcej bułki tartej.

Przykryj mieszaninę klopsików i przechowuj ją w lodówce, aż będziesz gotowy do ugotowania. (Uważam, że są lepsze, gdy mają szansę usiąść przez co najmniej 30 minut, ale można je również ugotować od razu lub przechowywać w lodówce przez jeden dzień). Kiedy nadejdzie czas gotowania, uformuj klopsiki delikatnymi dłońmi: weź porcję mieszanki i rozwałkuj ją między dłońmi — szukasz klopsika o szerokości około 2 cali lub nieco większego niż piłka golfowa. Powinny być luźne, ale jednocześnie powinny zachowywać swój kształt. Nie przejmuj się, jeśli wysypują się duże kawałki ziół - uważam je za całkiem piękne.

Metoda smażenia na patelni Rozgrzej patelnię na średnim ogniu i dodaj tyle oleju, aby dość wygodnie pokryć dno patelni. Będziesz wiedział, że olej jest wystarczająco gorący, jeśli włożysz klopsik i natychmiast skwierczy. Jeśli to konieczne, pracując partiami (aby uniknąć przepełnienia patelni), umieść klopsiki na patelni, pozostawiając trochę miejsca wokół każdego z nich. Jeśli klopsiki w ogóle zaczną czernieć, zmniejsz ogień. Jeśli nie skwierczą, zwiększ ogień. Jeśli poziom oleju jest zbyt niski, po prostu dodaj trochę więcej i obserwuj temperaturę.

Gdy klopsik stanie się złocistobrązowy, użyj szczypiec, aby obrócić go na drugą stronę. Kontynuuj obracanie klopsików w razie potrzeby lub potrząsaj patelnią, aby je zwinąć, jeśli masz na to ochotę. Może się okazać, że twoje klopsiki spłaszczą się nieco podczas smażenia i zamienią się bardziej w grube, trójkątne kliny — na szczęście dziwne kształty będą smakować tak samo dobrze, jak idealne kulki.

Kontynuuj gotowanie, aż będą ugotowane i najlepiej złocistobrązowe. Środek klopsików powinien mieć temperaturę 150°F w przypadku mięsa z piersi lub 165°F w przypadku ciemnego mięsa.

Gdy każdy klopsik będzie gotowy, zdejmij go z patelni i umieść na ruszcie lub talerzu wyłożonym papierowymi ręcznikami. Pozwól im chwilę ostygnąć przed jedzeniem.

Metoda piekarnika Rozgrzej piekarnik do 450 ° F. Lekko natłuścić formę do muffinek lub wyłożyć blachę pergaminem.

Ułóż klopsiki w osobnych foremkach na muffinki lub równomiernie rozłóż je na blasze. Piecz klopsiki przez 7 minut. Odwróć je, aby zarumieniły się z drugiej strony i kontynuuj pieczenie, aż osiągną temperaturę 150 ° F w przypadku mięsa z piersi lub 165 ° F w przypadku ciemnego mięsa, od 5 do 10 minut dłużej.

Niech klopsiki chwilę ostygną przed podaniem.

85. Arkusz Miso Pieczony Kurczak Z Warzywami

Służy 3 lub 4

½ szklanki czerwonej pasty miso (lub dowolnej pasty miso)
3 łyżki oliwy z oliwek
1 łyżka tamari
1 łyżka octu z czerwonego wina
2 ząbki czosnku, starte
1 łyżeczka startego świeżego imbiru
1 cały kurczak (najlepiej poniżej 4 funtów)
1 duży słodki ziemniak (około 12 uncji), pokrojony na ½-calowe kawałki
1 mała cebula, grubo posiekana
12 uncji różyczek kalafiora, podzielonych na kawałki wielkości kęsa
Sól
Wyposażenie Nożyce do drobiu (opcjonalnie), blacha, termometr do mięsa

W dużej misce połącz miso, 2 łyżki oliwy z oliwek, tamari, ocet, czosnek i imbir i ubij je razem, aż uzyskasz połączoną pastę.
Osusz kurczaka ręcznikiem, a następnie spatchcock: Nożyce do drobiu to najłatwiejsza metoda, ale możesz to zrobić również dobrym, ostrym nożem. Połóż kurczaka piersią do dołu na desce do krojenia. Zlokalizuj kręgosłup i użyj nożyc lub noża do przecięcia wzdłuż obu stron kręgosłupa, po prostu przecinając mięso tuż obok twardej krawędzi kręgosłupa. Usuń kręgosłup i zachowaj go na takie rzeczy, jak bulion z kurczaka. Odwróć kurczaka z powrotem i połóż tak, aby jego nogi były ułożone płasko, a pierś była skierowana do góry. Naciśnij pierś nasadą dłoni – powinieneś usłyszeć trzask kości, pozwalając kurczakowi leżeć płasko na desce.
Nabrać mniej więcej połowę mieszanki miso i posmarować nią zewnętrzną część kurczaka, mocniej na piersiach i nogach niż na grzbiecie, upewniając się, że wszystkie szczeliny między nogami i piersiami zostały wchłonięte. Wyłóż blachę folią i ułóż na niej kurczaka piersiami do góry. Złóż skrzydełka z powrotem, aby się nie paliły.

Dodaj pokrojone warzywa do miski z resztą mieszanki miso. Dodać pozostałą 1 łyżkę oleju i lekko doprawić solą. Dokładnie wymieszaj, aby się połączyło. Rozłóż warzywa równą warstwą na blasze wokół kurczaka.

Jeśli nie lubisz soli, zostaw kurczaka tak, jak jest. Jeśli lubisz rzeczy nieco bardziej słone, lekka posypka soli też będzie dobra. Możesz upiec kurczaka od razu lub pozostawić go odkrytego w lodówce na około 36 godzin.

Kiedy będziesz gotowy do gotowania, umieść stojak na środku piekarnika i rozgrzej piekarnik do 425 ° F.

Przenieś blachę do piekarnika i piecz, aż termometr do mięsa włożony do najgrubszej części piersi zarejestruje 150 ° F, a najgrubsza część uda zarejestruje 165 ° F. Jeśli stwierdzisz, że kurczak zaczyna się palić, ale w środku nie jest upieczony, możesz przykryć go na chwilę arkuszem folii. Pamiętaj tylko, aby zdjąć go ponownie na ostatnie kilka minut, aby zapobiec nadmiernemu rozmoczeniu skóry przez uwięzioną parę. Czas gotowania może się znacznie różnić w zależności od wielkości kurczaka, ale 45 minut to dobry przybliżony wskaźnik.

Pozwól kurczakowi odpocząć przez co najmniej 10 minut. Pokrój go na kawałki lub zjedz rękoma, stojąc nad kuchenką, jak to zwykle robimy z Ilizą.

86. Chrupiący Pieczony Kurczak Z Masłem Chilijsko-Scallion

Robi 1 kurczaka

1 cały kurczak (najlepiej poniżej 4 funtów)
Sól koszerna
7 papryczek chilli de árbol lub dowolnych małych suszonych czerwonych papryczek chilli lub 1 łyżka mielonej czerwonej papryki
4 szalotki, grubo posiekane
3 ząbki czosnku, grubo posiekane
1 sztyft (4 uncje) niesolonego masła w temperaturze pokojowej
¼ łyżeczki proszku do pieczenia
¼ szklanki świeżego soku z cytryny
5 łyżek wody
Wyposażenie Nożyce do drobiu (opcjonalnie), blacha, ruszt, robot kuchenny (lub gotowość do bardzo drobnego siekania rzeczy ręcznie) i termometr do mięsa

Osusz kurczaka ręcznikiem, a następnie spatchcock: Nożyce do drobiu to najłatwiejsza metoda, ale możesz to zrobić również dobrym, ostrym nożem. Połóż kurczaka piersią do dołu na desce do krojenia. Zlokalizuj kręgosłup i użyj nożyc lub noża do przecięcia wzdłuż obu stron kręgosłupa, po prostu przecinając mięso tuż obok twardej krawędzi kręgosłupa. Usuń kręgosłup i zachowaj go na takie rzeczy, jak bulion z kurczaka. Odwróć kurczaka z powrotem i połóż tak, aby jego nogi były ułożone płasko, a pierś była skierowana do góry. Naciśnij pierś nasadą dłoni – powinieneś usłyszeć trzask kości, pozwalając kurczakowi położyć się płasko na desce. (Jeśli pieczesz kurczaka tego samego dnia, zapoznaj się z uwagą na końcu przepisu. Jeśli przez noc moczysz kurczaka na sucho, przejdź do następnego kroku.)
Blachę wyłóż folią a na wierzchu ustaw ruszt.
Dopraw kurczaka solą, która wydaje się o wiele za dużo – prawie nie możesz dodać za dużo. To wysuszy kurczaka przez noc, a później usuniesz nadmiar soli, pozostawiając go doskonale solankowym.

Gdy cały kurczak zostanie dokładnie posolony, połóż go na ruszcie piersią do góry i pozostaw odkryty w lodówce na co najmniej 6 godzin, a maksymalnie 36 godzin.

W międzyczasie przygotuj masło z papryczką chilli i szalotką. Możesz to zrobić z wyprzedzeniem i schłodzić w lodówce lub zrobić na krótko przed planowanym pieczeniem kurczaka. W robocie kuchennym połącz chili, szalotki i czosnek i pulsuj, aż uzyskasz coś w rodzaju pasty, w razie potrzeby zeskrobując boki miski (lub posiekaj je bardzo, bardzo drobno ręcznie). Dodaj masło i wymieszaj wszystko razem, w razie potrzeby zeskrobując boki, aż uzyskasz jednolite masło złożone. Odmierz 4 łyżki masła złożonego i wstaw do lodówki (to będzie na sos maślany). Przenieś pozostałe masło do pojemnika i trzymaj pod przykryciem w temperaturze pokojowej do 4 godzin. Jeśli robisz to z wyprzedzeniem i przechowujesz w lodówce, po prostu pozwól mu wrócić do temperatury pokojowej przed użyciem.

Gdy będziesz gotowy do pieczenia, rozgrzej piekarnik do 450 ° F.

Usuń nadmiar soli z kurczaka. Oddziel skórę od kurczaka rękami – może to być nieco makabrycznie brzmiące zadanie, ale warte wysiłku – delikatnie przesuwając palcami pod skórą kurczaka, zarówno na piersi, jak i na nogach. Oddziel membranę, tworząc luźną skórkę, nie rozdzierając jej, jeśli to możliwe. To sprawi, że skórka będzie bardziej chrupiąca, a jednocześnie zapewni miejsce na dodanie złożonego masła.

Po rozdzieleniu łyżką (lub rękami) rozprowadź masło złożone o temperaturze pokojowej pod skórą kurczaka, starając się jak najdokładniej rozprowadzić je pod skórą piersi, ud i podudzi. Użyj nadmiaru masła na dłoniach lub w misce, aby natrzeć skrzydełka, a następnie schowaj je z powrotem za kurczakiem. Na koniec posyp kurczaka z zewnątrz proszkiem do pieczenia.

Umieść kurczaka z powrotem na ruszcie, piersią do góry i włóż do piekarnika. Piec, aż termometr do mięsa włożony do najgrubszej części piersi zarejestruje 150°F, a najgrubsza część uda zarejestruje 165°F. Czas gotowania może się znacznie różnić, ale 45 minut to dobry przybliżony wskaźnik.

Pozwól kurczakowi odpocząć przez co najmniej 10 minut przed pokrojeniem i podaniem.

W międzyczasie, aby przygotować sos maślany, w rondlu połącz sok z cytryny z wodą i zagotuj na średnim ogniu. Wyjmij z lodówki 4 łyżki zarezerwowanego zimnego masła złożonego i podziel je na cztery części. Gdy płyn zredukuje się o połowę, zmniejsz ogień do średniego, dodaj pierwszy kawałek masła i ciągle mieszaj, aby się połączył. Gdy się rozpuści, dodać następną. Kontynuuj powtarzanie, aż uzyskasz jednolity sos. Jeśli sos się rozdzieli, możesz dodać kilka kropel wody i ponownie wymieszać, aby ponownie się połączył. Doprawiamy do smaku solą i podajemy z kurczakiem.

Uwaga Jeśli nie zamierzasz marynować kurczaka na sucho przez noc i planujesz upiec go tego samego dnia, po nakłuciu kurczaka umieść go piersiami do góry na ruszcie w wyłożonej folią blaszce. Zrób masło chili-cebulka zgodnie z zaleceniami i rozsmaruj pod i na skórze. Posyp kurczaka obficie przyprawioną solą koszerną wokół całej zewnętrznej części kurczaka, a następnie posyp proszkiem do pieczenia. Reszta przepisu jest taka sama.

DESER

87. Kanapki z lodami All Star

Porcja: 4 porcje. | Przygotowanie: 10 minut | Gotuj: 5 minut |
Gotowe w:
Składniki
1/2 szklanki lodów z ciasta czekoladowego, zmiękczonych
8 ciasteczek Oreo
6 uncji polewy z mlecznej czekolady, stopionej
Czerwona, biała i niebieska posypka
Kierunek
Nałóż na połowę ciasteczek 2 łyżki. lodów, a następnie ułożyć na wierzchu resztki ciasteczek. Nałóż na blaty stopioną polewę, a następnie użyj posypki do dekoracji. Zamrażaj na blasze do pieczenia przez co najmniej godzinę.
Informacje o wartości odżywczej
Kalorie:
cholesterol:
Białko:
Całkowita zawartość tłuszczu:
Sód:
Błonnik:
Węglowodany ogółem:

88.   Ciasto z kremem jabłkowym

Porcja: 8 | Przygotowanie: 25 minut | Gotuj: 35 minut | Gotowe w:
Składniki
4 szklanki cienko pokrojonych jabłek
1 szklanka białego cukru
2 łyżki mąki uniwersalnej
1 łyżeczka mielonej gałki muszkatołowej
2 łyżeczki mielonego cynamonu
4 łyżki masła
2 szklanki pół na pół
1 przepis na ciasto na 9-calowy placek z pojedynczą skórką
Kierunek
Ustaw piekarnik na 190°C (375°F) i rozpocznij wstępne nagrzewanie. Układanie jabłek na cieście. Połącz cynamon, gałkę muszkatołową, mąkę i cukier. Rozsmarować na warstwie jabłek.

Podgrzej masło, aż się rozpuści i wymieszaj ze śmietaną; rozsmarować na jabłkach.

Pieczemy w temperaturze 190°C (375°F) przez 35 minut, aż skorupka nabierze złotego koloru, bąbelki nadzienia i jabłka staną się miękkie. Pozostaw do ostygnięcia, aż osiągnie temperaturę pokojową; schłodzić w lodówce do stężenia nadzienia.

Informacje o wartości odżywczej
Kalorie: 383 kalorie;
Cholesterol: 38
Białko: 3,6
Tłuszcz całkowity: 20,5
Sód: 183
Węglowodany ogółem: 48,6

89.   Jabłczane Kluchy Z Sosem

Porcja: 8 porcji. | Przygotowanie: 60 minut | Gotuj: 50 minut |
Gotowe w:

Składniki

3 szklanki mąki uniwersalnej

1 łyżeczka soli

1 szklanka tłuszczu piekarskiego

1/3 szklanki zimnej wody

8 średnich cierpkich jabłek, obranych i pozbawionych gniazd nasiennych

8 łyżeczek masła

9 łyżeczek cukru cynamonowego, podzielone

SOS:

1-1/2 szklanki zapakowanego brązowego cukru

1 szklanka wody

1/2 szklanki masła, pokrojonego w kostkę

Kierunek

Wymieszaj sól i mąkę w dużej misce, a następnie pokrój w tłuszcz piekarski, aż uzyskasz kruszonkę. Stopniowo wlewaj wodę i mieszaj widelcem, aż uformuje się kula ciasta. Podziel ciasto na 8 części, a następnie przykryj i schładzaj, aż będzie łatwe w obróbce, przez co najmniej pół godziny.

Ustaw piekarnik na 350 stopni i rozwałkuj każdą porcję ciasta między 2 woskowanymi arkuszami papieru pokrytymi lekko mąką, na kwadrat o boku 7 cali. Umieść 1 jabłko na każdym kwadracie, a następnie połóż po 1 łyżeczce masła i cukru cynamonowego na środku każdego jabłka.

Delikatnie zbierz rogi ciasta do każdego środka, odcinając nadmiar, a następnie dociśnij krawędzie, aby je skleić. Ze skrawków ciasta wytnij liście i łodygi jabłka, jeśli chcesz, a następnie użyj wody, aby przymocować je do pierogów. Włóż do 13-calowego x 9-calowego naczynia do pieczenia pokrytego tłuszczem i użyj resztek cukru cynamonowego do posypania wierzchu.

Składniki sosu wymieszać razem w dużym rondlu. Doprowadzić do wrzenia, mieszając, aż składniki się połączą, a następnie skropić jabłkami.

Piec, aż ciasto stanie się złocistobrązowe, a jabłka miękkie, około 50 do 55 minut, od czasu do czasu polewając resztkami sosu. Podawaj na ciepło.

Informacje o wartości odżywczej

Kalorie: 760 kalorii

Białko: 5g białka.

Tłuszcz całkowity: 40 g tłuszczu (16 g tłuszczów nasyconych)

Sód: 466 mg sodu

Włókno: włókno 3g)

Węglowodany ogółem: 97 g węglowodanów (59 g cukrów

Cholesterol: 41 mg cholesterolu

90. Ptyś Jabłkowo-Cytrynowy

Porcja: 1 porcja. | Przygotowanie: 20 minut | Gotuj: 15 minut |
Gotowe w:

Składniki

1-1/2 łyżeczki masła

1 małe jabłko, obrane, pozbawione gniazd nasiennych i pokrojone
w krążki

6 łyżeczek cukru, podzielone

1 duże jajko, oddzielone

1/2 łyżeczki startej skórki z cytryny

1/4 łyżeczki ekstraktu waniliowego

1/2 łyżeczki mąki uniwersalnej

Kierunek

Na patelni rozpuść masło na średnim ogniu. Dodaj pierścienie
jabłkowe; posypać 2 łyżeczkami cukru. Gotuj do miękkości,
przewracając 1 raz. Ubijaj wanilię, skórkę z cytryny i żółtko jaja w
misce przez 1 minutę. Ubij białka jaj w osobnej misce, aż utworzy
się sztywna piana; dodać pozostały cukier i mąkę. Wmieszać do
masy z żółtek. W lekko pokrytym olejem naczyniu do pieczenia na 2
filiżanki umieść krążki jabłek. Posmarować masą jajeczną,
rozprowadzając. Piec w temperaturze 350 °, aż do zestalenia i
złotego koloru lub przez 15-18 minut. Wyłożyć na półmisek do góry
dnem.

Informacje o wartości odżywczej

Kalorie: 292 kcal

Sód: 121 mg sodu

Włókno: włókno 3g)

Węglowodany ogółem: 43 g węglowodanów (38 g cukrów

Cholesterol: 228 mg cholesterolu

Białko: 7g białka.

Tłuszcz całkowity: 11 g tłuszczu (5 g tłuszczów nasyconych)

91. Chipsy jabłkowo-malinowe

Porcja: 12 porcji. | Przygotowanie: 35 minut | Gotuj: 40 minut |
Gotowe w:

Składniki

10 filiżanek cienko pokrojonych obranych tartych jabłek (około 10
średnich)

4 szklanki świeżych malin

1/3 szklanki cukru

3 łyżki stołowe plus 3/4 szklanki mąki uniwersalnej, podzielone

1-1/2 szklanki staromodnego owsa

1 szklanka zapakowanego brązowego cukru

3/4 szklanki mąki pełnoziarnistej

3/4 szklanki zimnego masła

Kierunek

W dużej misce umieść maliny i jabłka. Dodaj 3 łyżki uniwersalnej
mąki i cukru; lekko wymieszać do pokrycia. Dodaj do nasmarowanej
formy 13x9 cali. taca do pieczenia.

Wymieszaj pozostałą mąkę uniwersalną, mąkę pełnoziarnistą,
brązowy cukier i płatki owsiane w małej misce. Zetrzyj masło na
kruszonkę; posyp po wierzchu (naczynie będzie pełne).

Piec w temperaturze 350 ° , bez przykrycia, przez 40-50 minut lub
do momentu, aż polewa będzie złocistobrązowa, a nadzienie
zacznie bulgotać. Podawać na ciepło.

Informacje o wartości odżywczej

Kalorie: 353 kcal

Sód: 89 mg sodu

Włókno: 6g włókna)

Węglowodany ogółem: 59 g węglowodanów (35 g cukrów

Cholesterol: 30 mg cholesterolu

Białko: 4g białka.

Tłuszcz całkowity: 13 g tłuszczu (7 g tłuszczów nasyconych)

92. Półksiężyce jabłkowo-orzechowe

Porcja: 16 porcji. | Przygotowanie: 15 minut | Gotuj: 20 minut |
Gotowe w:

Składniki

2 paczki (po 8 uncji każda) schłodzone półksiężyce

1/4 szklanki cukru

1 łyżka mielonego cynamonu

4 średnie cierpkie jabłka, obrane i pokrojone w ćwiartki

1/4 szklanki posiekanych orzechów włoskich

1/4 szklanki rodzynek, opcjonalnie

1/4 szklanki masła, stopionego

Kierunek

Przygotuj piekarnik, podgrzewając go do 375 stopni F. Rozłóż ciasto
na półksiężyc i podziel na 16 trójkątów. Wymieszaj cynamon i cukier;
skropić około 1/2 łyżeczki na każdy trójkąt. Połóż ćwiartkę jabłka na
krótszym boku i zwiń. Następnie włóż do wysmarowanej tłuszczem
formy do pieczenia o wymiarach 15x10x1 cala. Wciśnij rodzynki i
orzechy włoskie na wierzch ciasta, jeśli chcesz. Posmarować
masłem. Posypać pozostałym cukrem cynamonowym. Wstawić do
nagrzanego piekarnika i piec przez 20-24 minut lub do uzyskania
złotego koloru. Podawać na gorąco.

Informacje o wartości odżywczej

Kalorie: 177 kalorii

Sód: 243 mg sodu

Włókno: 1g włókna)

Węglowodany ogółem: 19 g węglowodanów (9 g cukrów

Cholesterol: 8 mg cholesterolu

Białko: 2g białka.

Tłuszcz całkowity: 10 g tłuszczu (3 g tłuszczów nasyconych)

93. Ciastko morelowo-jagodowe

Porcja: 2 porcje. | Przygotowanie: 15 minut | Gotuj: 0 minut |
Gotowe w:

Składniki

1 szklanka świeżych malin i/lub jeżyn

1 łyżka cukru

Odrobina mielonej gałki muszkatołowej

1/4 szklanki dżemu morelowego

1 łyżeczka masła

Odrobina soli

2 pojedyncze okrągłe biszkopty

Bita śmietana

Kierunek

Wymieszaj gałkę muszkatołową, cukier i jagody w małej misce; okładka. Przechowywać w lodówce przez godzinę.

Wymieszaj i gotuj sól, masło i dżem w małym rondlu na małym ogniu, aż masło się rozpuści. Ciepłe biszkopty w kuchence mikrofalowej przez 20 sekund na wysokich obrotach; ułożyć na talerzach do serwowania. Umieść mieszankę jagodową na wierzchu; polać sosem morelowym. Na wierzch wyłożyć kleks bitej śmietany.

Informacje o wartości odżywczej

Kalorie: 253 kcal

Węglowodany ogółem: 54 g węglowodanów (32 g cukrów

Cholesterol: 33 mg cholesterolu

Białko: 2g białka.

Tłuszcz całkowity: 4 g tłuszczu (2 g tłuszczów nasyconych)

Sód: 283 mg sodu

Włókno: włókno 4g)

94. <u>Cukierek z masła orzechowego</u>

Porcja: 3 funty. | Przygotowanie: 20 minut | Gotuj: 5 minut | Gotowe w:

Składniki

1 łyżeczka plus 1/2 szklanki masła, podzielone

1 szklanka masła orzechowego

1 opakowanie (8 uncji) sera topionego (Velveeta), pokrojonego w kostkę

1 opakowanie (2 funty) cukru cukierniczego

1-1/2 łyżeczki ekstraktu waniliowego

Kierunek

Użyj folii do wyłożenia 13-calowej x 9-calowej patelni i posmaruj folię 1 łyżeczką masła; odłożyć.

Wymieszaj pozostałe masło, ser i masło orzechowe w dużym, ciężkim rondlu. Gotuj i mieszaj na średnim ogniu, aż się rozpuści. Zdejmij z ognia. Mieszaj stopniowo cukier waniliowy i cukierniczy, aż się połączą (mieszanka będzie gęsta).

Rozłóż na wyłożonej patelni. Przechowywać w lodówce przez 2 godziny lub do stężenia.

Wyjmij krówki z patelni za pomocą folii. Rzuć folię; pokrój krówki na 1-calowe kwadraty. Umieścić w hermetycznym pojemniku do przechowywania w lodówce.

Informacje o wartości odżywczej

Kalorie: 69 kalorii

Węglowodany ogółem: 10 g węglowodanów (9 g cukrów

Cholesterol: 5 mg cholesterolu

Białko: 1g białka. Wymiany cukrzycowe: 1/2 skrobi

Tłuszcz całkowity: 3 g tłuszczu (1 g tłuszczów nasyconych)

Sód: 50 mg sodu

Włókno: 0 włókien)

95.   <u>Słynny Sernik Biszkoptowy</u>

Porcja: 12 porcji. | Przygotowanie: 30 minut | Gotuj: 01 godzin 05 minut | Gotowe w:

Składniki

1-1/2 szklanki okruchów krakersa graham

1/3 szklanki upakowanego brązowego cukru

1/3 szklanki masła, stopionego

1 puszka (14 uncji) słodzonego skondensowanego mleka

3/4 szklanki zimnego 2% mleka

1 opakowanie (3,4 uncji) błyskawicznej mieszanki puddingu toffi

3 paczki (8 uncji każda) sera śmietankowego, zmiękczonego

1 łyżeczka ekstraktu waniliowego

3 duże jajka, lekko ubite

Bita śmietana i pokruszone cukierki toffi, opcjonalnie

Kierunek

Umieść naoliwioną 9-calową tortownicę na podwójnej grubości wytrzymałej folii (około 18-calowego kwadratu). Owiń bezpiecznie folię wokół patelni. Wymieszaj cukier i okruchy krakersa razem w małej misce; wymieszać z masłem. Wciśnij mieszaninę na dno przygotowanej formy. Połóż patelnię na blasze do pieczenia. Piec 10 minut w 325 stopniach. Umieścić na stojaku z drutu do ostygnięcia.

Ubij budyń i mleko w małej misce, około 2 minut.

Odstaw do miękkości, około 2 minut.

W tym samym czasie ubij serek w dużej misce na gładką masę. Ubij wanilię i budyń. Wbij jajka i ubijaj na niskich obrotach tylko do połączenia. Wylać na kruszonkę. Ułóż tortownicę w dużej blasze do pieczenia; wlej 1 cal gorącej wody do większej patelni.

Piec 65-75 minut w temperaturze 325 stopni, aż wierzch stanie się matowy, a środek prawie zapieczony. Wyjmij tortownicę z łaźni wodnej.

Pozostaw do ostygnięcia na stojaku z drutu 10 minut.

Ostrożnie przejedź nożem po krawędzi patelni, aby poluzować; pozostawić do ostygnięcia jeszcze 1 godzinę. Schłodzić w lodówce przez noc. Jeśli chcesz, użyj bitej śmietany i cukierków toffi do dekoracji.

Informacje o wartości odżywczej

Kalorie: 473 kcal

Białko: 10g białka.

Tłuszcz całkowity: 30 g tłuszczu (18 g tłuszczów nasyconych)

Sód: 460 mg sodu

Włókno: 0 włókien)

Węglowodany ogółem: 42 g węglowodanów (34 g cukrów

Cholesterol: 141 mg cholesterolu

96.   Austriackie ciasteczka orzechowe

Porcja: 10 ciasteczek kanapkowych. | Przygotowanie: 30 minut | Gotuj: 10 minut | Gotowe w:

Składniki

1 Mąkę o wszechstronnym przeznaczeniu

2/3 szklanki drobno posiekanych migdałów

1/3 szklanki cukru

1/2 szklanki masła, zmiękczonego

1/4 szklanki dżemu malinowego bez pestek

LUKIER:

1 uncja niesłodzonej czekolady, stopionej i schłodzonej 1/3 szklanki cukru pudru 2 łyżki masła, zmiękczonego Posiekane migdały, opcjonalnie

Kierunek

Wymieszaj cukier, posiekane migdały i mąkę w misce; wymieszać z masłem, aż ciasto się połączy. Rozwałkuj ciasto na 1/8 cala. gruba na posypanej mąką powierzchni; cięcie za pomocą 2 cali. okrągły nóż. Połóż na natłuszczonych blachach do pieczenia, 1 cal. oprócz; okładka. Schładzaj je przez 1 godzinę.

Odkryć; piec w 375 °, aż krawędzie będą lekko rumiane lub 7-10 minut. Przenieś na stojaki z drutu; w pełni chłodny. Rozłóż 1/2 ciasteczek z dżemem; wierzch z innym ciastkiem.

Lukier: Wymieszaj masło, cukier cukierniczy i czekoladę; rozsmarować na ciasteczkach. Do dekoracji użyj płatków migdałów.

Informacje o wartości odżywczej

Kalorie: 277 kalorii

Tłuszcz całkowity: 18 g tłuszczu (9 g tłuszczów nasyconych)

Sód: 92 mg sodu

Włókno: włókno 2g)

Węglowodany ogółem: 28 g węglowodanów (16 g cukrów

Cholesterol: 31 mg cholesterolu

Białko: 4g białka.

97. Ciasto bananowo-jabłkowe

Porcja: 16-20 porcji. | Przygotowanie: 40 minut | Gotuj: 25 minut |
Gotowe w:

Składniki

1 szklanka masła, zmiękczonego

2 szklanki cukru

4 jajka, oddzielone

3 szklanki mąki uniwersalnej

2 łyżeczki proszku do pieczenia

1 szklanka mleka

1/2 łyżeczki ekstraktu waniliowego

1/2 łyżeczki ekstraktu z cytryny

POŻYWNY:

2 szklanki słodzonego musu jabłkowego

3 średnio twarde banany pokrojone w plastry

3 łyżki soku z cytryny

LUKIER:

1 szklanka cukru

2 białka jaj

3 łyżki wody

1/2 łyżeczki kremu z kamienia nazębnego

1/4 łyżeczki soli

1 łyżeczka ekstraktu waniliowego

1/4 szklanki słodzonego wiórków kokosowych, prażonych

Kierunek

W dużej misce utrzyj cukier i masło, aż będą puszyste i jasne. Ubij żółtko, a następnie ekstrakty. Wymieszaj proszek do pieczenia i mąkę, a następnie wsypuj do ubitej śmietany na przemian z mlekiem

dobrze bije po każdym przyroście.

Ubij białka w małej misce, aby utworzyć miękkie szczyty, a następnie delikatnie wymieszaj z ciastem. Przenieś do 3 9-calowych okrągłych foremek do pieczenia pokrytych tłuszczem. Piec w temperaturze 350 stopni, aż do zakończenia testów ciasta, około 25 do 30 minut. Pozostaw do ostygnięcia na około 10 minut, a następnie wyjmij z foremek i umieść na stojakach z drutu, aby całkowicie ostygły.

Przekroić mus jabłkowy i rozsmarować na 2 warstwach ciasta. Zanurz banany w soku z cytryny i ułóż na musie jabłkowym. Ułóż na talerzu do serwowania gładką warstwą na wierzchu.

Aby zrobić lukier, wymieszaj sól, krem z kamienia nazębnego, wodę, białka jaj i cukier w dużym, ciężkim rondlu na małym ogniu. Ubijaj mikserem ręcznym na niskich obrotach przez około minutę, a następnie ubijaj na niskich obrotach na małym ogniu przez 8 do 10 minut, aż lukier osiągnie temperaturę 160 stopni.

Przełóż do dużej miski, a następnie dodaj wanilię. Ubijaj na wysokich obrotach przez 7 minut, aż utworzą się mocne szczyty. Posmaruj wierzch i boki ciasta, a następnie posyp wiórkami kokosowymi. Przechowywać w lodówce do przechowywania.

Informacje o wartości odżywczej

Kalorie: 332 kcal

Białko: 4g białka.

Tłuszcz całkowity: 11 g tłuszczu (7 g tłuszczów nasyconych)

Sód: 191 mg sodu

Włókno: 1g włókna)

Węglowodany ogółem: 55 g węglowodanów (39 g cukrów

Cholesterol: 69 mg cholesterolu

98.   Ciasto z Chipsami Bananowymi

Porcja: 16 porcji. | Przygotowanie: 25 minut | Gotuj: 40 minut |
Gotowe w:
Składniki
1 opakowanie żółtego ciasta mix (zwykły rozmiar)
1-1/4 szklanki wody
3 duże jajka
1/2 szklanki niesłodzonego musu jabłkowego
2 średnie banany, rozgniecione
1 szklanka miniaturowych półsłodkich kawałków czekolady
1/2 szklanki posiekanych orzechów włoskich
Kierunek
Wymieszaj mus jabłkowy, jajka, wodę i ciasto w dużej misce; miksuj
mieszaninę przez pół minuty na niskich obrotach. Zwiększ prędkość
do średniej i miksuj przez 2 minuty. Wymieszaj orzechy włoskie,
chipsy i banany.
Użyj sprayu do gotowania, aby spryskać 10-calową karbowaną
patelnię, a następnie posyp mąką; wlać ciasto. Piec w 350 stopniach,
aż wykałaczka wyjdzie czysta po wbiciu w środek ciasta, czyli około
40 do 50 minut. Niech ciasto ostygnie przez 10 minut; wyjąć z formy
i przełożyć na metalową kratkę, a następnie całkowicie ostudzić.
Informacje o wartości odżywczej
Kalorie: 233 kcal
Włókno: 1g włókna)
Węglowodany ogółem: 38 g węglowodanów (24 g cukrów
Cholesterol: 40 mg cholesterolu
Białko: 3g białka.
Tłuszcz całkowity: 9 g tłuszczu (4 g tłuszczów nasyconych)
Sód: 225 mg sodu

99. Ciasto Bananowe

Porcja: 16 porcji. | Przygotowanie: 30 minut | Gotuj: 30 minut |
Gotowe w:

Składniki

1 opakowanie żółtego ciasta mix (zwykły rozmiar)

1 opakowanie (3,4 uncji) instant budyniu bananowego lub
waniliowego

1-1/2 szklanki 2% mleka

4 jajka

LUKIER:

1/3 szklanki mąki uniwersalnej

1 szklanka 2% mleka

1/2 szklanki masła, zmiękczonego

1/2 szklanki tłuszczu

1 szklanka cukru

1-1/2 łyżeczki ekstraktu waniliowego

2 łyżki cukru pudru

Kierunek

Użyj woskowanego papieru do wyłożenia 2 15 "x10 "x1 " blach do
pieczenia posmarowanych tłuszczem, a następnie nasmaruj papier
i odłóż na bok.

Wymieszaj jajka, mleko, budyń i ciasto w dużej misce, a następnie
ubijaj na niskich obrotach przez około pół minuty. Kontynuuj bicie
na średnich obrotach przez około 2 minuty.

Rozłóż ciasto na przygotowane patelnie i piecz w temperaturze 350
stopni, aż wykałaczka wyjdzie czysta po włożeniu do środka, około
12 do 15 minut. Pozostawić do ostygnięcia na około 5 minut przed
odwróceniem na stojakach z drutu, aby dokładnie ostygły.
Delikatnie zdejmij woskowany papier.

W międzyczasie wymieszaj mleko i mąkę w małym rondelku, aż
będą gładkie. Doprowadź mieszaninę do wrzenia, a następnie gotuj
i mieszaj, aż zgęstnieje, około 2 minut. Zdejmij z ognia, a następnie
umieść na przykryciu i pozostaw do ostygnięcia do temperatury
pokojowej.

Utrzyj razem cukier, tłuszcz piekarski i masło w misce wytrzymałego
miksera stojącego, aż będą puszyste i lekkie. Ubij wanilię. Włóż

mieszankę mleczną i ubijaj na wysokich obrotach, aż będzie puszysta, około 10 do 15 minut.

Połóż na dużej desce do krojenia z jednym ciastem i rozsmaruj lukier na wierzchu. Na wierzch wykładamy resztki ciasta i posypujemy cukrem pudrem. Ciasto pokroić w plastry i schłodzić resztki.

Informacje o wartości odżywczej

Kalorie: 355 kalorii

Sód: 372 mg sodu

Włókno: 0 włókien)

Węglowodany ogółem: 49 g węglowodanów (35 g cukrów

Cholesterol: 71 mg cholesterolu

Białko: 4g białka.

Tłuszcz całkowity: 16 g tłuszczu (7 g tłuszczów nasyconych)

100.   <u>Lody Bananowo Rumowe Dla Dwojga</u>

Porcja: 2 porcje. | Przygotowanie: 10 minut | Gotuj: 10 minut | Gotowe w:

Składniki

1 łyżka masła

1/4 szklanki upakowanego brązowego cukru

Odrobina mielonej gałki muszkatołowej

2 średnio twarde banany, przekrojone na pół i pokrojone w plasterki

2 łyżki złotych rodzynek

1 łyżka rumu

1 łyżka pokrojonych migdałów, prażonych

1-1/3 szklanki lodów waniliowych

Kierunek

Rozpuść masło na dużej nieprzywierającej patelni na średnim ogniu. Mieszaj brązowy cukier i gałkę muszkatołową do mieszanki, aż się zmieszają.

Wyłącz ogrzewanie; dodać migdały, rodzynki, rum i banany. Gotuj na średnim ogniu, delikatnie mieszając, aż banany lekko zmiękną i zeszklą się przez około 3-4 minuty. Podawać razem z lodami.

Informacje o wartości odżywczej

Kalorie: 497 kalorii

Białko: 5g białka.

Tłuszcz całkowity: 17 g tłuszczu (10 g tłuszczów nasyconych)

Sód: 124 mg sodu

Włókno: włókno 4g)

Węglowodany ogółem: 82 g węglowodanów (63 g cukrów

Cholesterol: 54 mg cholesterolu

WNIOSEK

Komfortowe jedzenie zajmuje szczególne miejsce w sercach i żołądkach wielu ludzi. To rodzaj jedzenia, które może poprawić nam samopoczucie, nawet w najtrudniejsze dni. Chociaż nie zawsze jest to najzdrowsza opcja, często jest najbardziej satysfakcjonująca i satysfakcjonująca. Komfortowe jedzenie może łączyć ludzi, zapewniać poczucie nostalgii i tradycji oraz sprawiać, że czujemy się szczęśliwi i zadowoleni. Więc następnym razem, gdy będziesz potrzebować czegoś na zachętę, sięgnij po swoje ulubione jedzenie i delektuj się każdym pysznym kęsem.

Milton Keynes UK
Ingram Content Group UK Ltd.
UKHW020842240823
427351UK00015B/617